上海财经大学上海国际金融中心研究院(SIIFC)系列丛书
Shanghai University of Finance and Economics Shanghai Institute of International Finance Center Series

金融观察与评论
Financial Survey and Review

（2019年第1辑）

上海财经大学上海国际金融中心研究院　编著

上海财经大学出版社

图书在版编目(CIP)数据

金融观察与评论. 2019 年. 第 1 辑 / 上海财经大学上海国际金融中心研究院编著. —上海：上海财经大学出版社,2020.9
(上海财经大学上海国际金融中心研究院(SIIFC)系列丛书)
ISBN 978-7-5642-3523-9/F·3523

Ⅰ.①金… Ⅱ.①上… Ⅲ.①金融—研究—中国—2019 Ⅳ.①F832

中国版本图书馆 CIP 数据核字(2020)第 096756 号

责任编辑　刘　兵
封面设计　张克瑶

金融观察与评论　2019 年第 1 辑

编　　著：上海财经大学上海国际金融中心研究院
出版发行：上海财经大学出版社有限公司
地　　址：上海市中山北一路 369 号(邮编 200083)
网　　址：http://www.sufep.com
经　　销：全国新华书店
印刷装订：江苏凤凰数码印务有限公司
开　　本：787mm×1092mm　1/16
印　　张：8.75
字　　数：181 千字
版　　次：2020 年 9 月第 1 版
印　　次：2020 年 9 月第 1 次印刷
定　　价：45.00 元

金融观察与评论

Financial Survey and Review

学术委员会主任：郑　杨
学术委员会副主任：赵晓菊

学术委员会委员：（按姓氏笔画排序）

丁剑平　马　强　王　能　王世豪
王海峰　叶国标　刘莉亚　严　弘
李　锋　肖　林　宋晓燕　陈　良
陈学彬　陈信元　林　辉　周师迅
周国平　周效门　夏大慰　徐明棋
黄雪军　曹艳文　盛松成　谢向阳
谢海光　雷　涛　鲍建平

编辑组成员

主　任：赵晓菊
副主任：谈儒勇　马文杰

序　　言

　　上海财经大学上海国际金融中心研究院(SIIFC,简称研究院)作为上海高校智库,紧密对接国家和上海的重大发展战略,开展持续深入的研究。为了汇集校内外众多专家、学者的智慧,研究院搭建了开放的协同研究平台,自2015年起,结合相关研究领域,每年安排专项经费用于研究院自设课题的研究。自设课题由研究院专家团队和研究院学术委员提出建议,并由研究院学术委员会审定后对外发布、公开招标,支持校内外的优秀研究团队围绕研究院精心筛选的重大课题展开研究。其中,上海自贸区与国际金融中心建设、上海高端制造以及碳排放权交易与节能减排都是研究院重点关注的几个领域。本期挑选的三篇研究报告,分别围绕如何优化税收政策支持上海自贸区与国际金融中心建设、金融如何助力"上海制造"的升级、如何优化碳排放权交易机制三个方面进行了深入研究。

　　上海财经大学公共政策与治理研究院院长胡怡建教授带领的团队,整理总结了国际上著名的五大自贸区与国际金融中心(中国香港、新加坡、阿联酋迪拜、英国伦敦和美国纽约)在税收政策方面的相关经验。通过对比上海自贸区与国际金融中心所适用的相关政策,指出了上海自贸区与金融中心在税收政策方面所存在的问题,并据此提出了促进上海自贸区与国际金融中心发展的税收政策,给出了短期内可以考虑先对与贸易相关的金融服务实行免税,长期可以试行与进出口贸易配套的跨境金融服务零税率政策的建议。

　　上海对外经贸大学国际经贸学院张晓莉教授,通过研究美国、日本、德国等制造业强国的发展历程及金融创新的作用,并结合深圳、杭州和北京等国内城市金融创新助力制造业发展的经验,分别从政策、银行业、保险业、证券业等角度研究了金融创新助力"上海制造"转型升级的路径。据此,提出如下建议:以"扩大开放100条"之金融举措为基础,营造良好氛围;抓住转型升级下的突破口,进一步拓展"FT账户"功能,降低企业融资成本;利用金融科技的发展促进制造业"弯道超车"。

　　上海环境能源交易所团队通过分析欧盟碳交易市场不同阶段的机制设计特

征,总结了其运行经验和教训;同时,分析了我国 7 个碳排放权交易市场的发展状况与存在的问题,提出了进一步优化我国碳排放权交易机制及进一步完善我国碳金融体系的建议。

  谨此代表研究院感谢上述专家的精辟分析与精彩观点,以及社会各界专家一直以来对研究院的鼎力支持!期待更多的专家、学者能够参与到研究院的决策咨询研究中来,为国家及上海发展贡献真知灼见!

马文杰
上海财经大学上海国际金融中心研究院副院长
2019 年 11 月 13 日

目 录

胡怡建　田志伟　田　晨	上海自贸区与国际金融中心建设的税收政策研究	（ 1 ）
张晓莉	金融创新助力"上海制造"的转型升级	（31）
赵　东　林　辉　李　瑾	我国碳交易机制优化研究	（86）

上海自贸区与国际金融中心建设的税收政策研究

◎ 胡怡建[①]　田志伟[②]　田　晨[③]

摘要： 本报告整理总结国际上著名的自贸区与国际金融中心在税收政策方面的相关经验，与上海自贸区所适用的相关政策进行对比，指出上海自贸区在税收政策方面所存在的问题，并据此提出促进上海自贸区与国际金融中心建设的税收政策。

通过对中国香港、新加坡、阿联酋迪拜、英国伦敦和美国纽约五大自贸区与国际金融中心税收政策比较研究发现，各自贸区不但实施境内关外免征关税和国内商品税等间接税政策，而且企业所得税税负普遍较低，但各自贸区企业所得税和个人所得税税负政策差异较大。这主要是由该国或地区税收制度决定，与自贸区税收政策制度无关，而与之有关的是各自贸易区根据自身功能定位和发展重点所设置针对企业所得税的优惠政策。自贸区税收政策设计时不但要考虑自贸区的发展需要，还要考虑与本国或本地区非自贸区的税制关系。上海自贸区有25%企业所得税税率远高于五大自贸区，而且金融服务征收增值税使税负也远高于实施免税的五大自贸区，自贸区出口服务贸易既不能普遍享受免税政策，重点发展和支持产业又没有相应税收政策，从而未形成有利于上海自贸区发展的商务和税务环境。因此，关于促进上海自贸区建设的税收政策制度，既要考虑降低我国企业所得税适用税率和对金融等出口服务贸易实施免税或零税率政策，又要针对自贸区功能定位和发展重点及自贸区发展中面临的税收制度性障碍，在企业所得税税前扣除、税收抵免等方面设计相应政策，并考虑到政策制度的可复制和可推广，使自贸区特惠税收政策通过复制推广成为普遍适用的优惠政策，清除不利于上海自贸区发展的税收制度性障碍，完善我国税收制度。

通过将上海与五大自贸区的税收制度比较发现，只有新加坡和英国伦敦对金融业少数业务征收增值税，并且对金融业的出口实行零税率或免税，而我国对金融业实行全面征税，且部分业务不允许开具增值税专用发票，在出口退税方面也有诸多限制。对金融业全

[①] 胡怡建，上海财经大学公共政策与治理研究院院长、教授，上海财经大学上海国际金融中心研究院客座研究员。
[②] 田志伟，上海财经大学公共政策与治理研究院院长助理，上海财经大学上海国际金融中心研究院客座研究员。
[③] 田晨，上海财经大学公共政策与治理研究院学生。

面征税使得上海的增值税税负高于其他金融中心,不利于上海的金融业发展。部分金融业务不允许开具增值税专用发票造成了重复征税,加重了被服务企业的税收负担。由于我国增值税出口退税存在困难,不利于吸引国际金融机构在上海注册落户,也不利于上海国际金融中心的发展。

自贸区贸易的发展需要金融行业的支持,同时自贸区对金融服务的需求也催生了金融中心的产生。因此,英国伦敦、美国纽约、阿联酋迪拜、新加坡和中国香港既是重要的自由贸易区,也是国际知名的金融中心。本报告研究了上海自贸区与国际金融中心的税收制度,发现我国货物贸易出口可退增值税,而金融服务出口征收增值税,这既增加了我国货物贸易的成本,又不利于上海国际金融中心的建设。本报告建议短期内可以考虑先对与贸易相关的金融服务实行免税,长期可以试行与进出口贸易相配套的跨境金融服务零税率政策。

关键词:自贸区;国际金融中心;税收政策;增值税

一、上海自贸区与国际金融中心税收政策现状

(一)上海自贸区税收政策

1. 保留和延续税收政策

上海自贸区是在原有的综合保税区基础上升级而来,其原综合保税区货物贸易税收政策仍得到保留和延续,分为免税缓税、出口退税、保税加工三类。

(1)免税缓税政策。主要是针对进口货物在进口时免征进口关税和国内货劳税,或暂不征收关税和国内货劳税。具体有以下四种类型:一是货物可以在保税区与境外之间自由出入,免征关税和进口环节税;二是区内生产企业和生产性服务业企业进口自用设备、办公用品、生产用原材料、零部件等免征关税和进口环节增值税,但生活性服务业等企业进口的货物以及法律、行政法规和相关规定明确不予免税的货物除外;三是进口产品进境备案,内销产品进关完税;四是对注册在洋山保税港区内的企业从事国际航运、货物运输、仓储、装卸搬运、国际航运保险业务取得的收入,免征营业税。另外,营业税改征增值税后,凡注册在洋山保税港区内的试点纳税人,对提供国内货运、仓储、装卸等服务,实行增值税即征即退优惠政策。

(2)出口退税政策。主要是针对国内经保税区出口货物办理退税。具体有以下两种类型:一是在外高桥保税区国内货物装船离岸出口办理退税,在洋山保税港区出口加工区、外高桥保税物流园区、浦东机场综合保税区货物入区视同出口办理退税;二是从国内其他港口启运经洋山保税港区中转的货物,在离开启运地时即可办理退税。

(3)保税加工政策。主要是针对出口加工所需进口原材料、零部件等中间品实行保税。具体有以下两种类型:一是对境外运入区内的企业加工出口所需的原材料、零部件、元器件、包装物件、转口货物以及区内存储货物实行保税;二是加工产品内销按照进口原材料、零部件征收关税和进口环节增值税。另外,洋山保税港区和各出口加工区内生产企

业互相生产加工产品在区内流转的,免征增值税。

2. 促进贸易税收政策

上海自贸区作为综合保税区的升级版,从针对货物贸易扩大到服务贸易,吸收了其他保税区已试行的做法,推出了一些适应发展服务贸易的税收政策。主要有以下二类:

第一,将试验区内注册的融资租赁企业或金融租赁公司在试验区内设立的项目子公司纳入融资租赁出口退税的试点范围,也就是境内公司对境外的融资租赁所提供的设备可以视同出口并享受退税。

第二,对试验区内注册的国内租赁公司或租赁公司设立的项目子公司,经国家有关部门批准从境外购买空载重量在25吨以上并租赁给国内航空公司使用的飞机,可享受进口环节增值税优惠政策,即按照航空公司和境外融资租赁公司待遇,按1%关税和4%增值税(合计5%)征税。

3. 鼓励投资税收政策

上海自贸区作为综合保税区的升级版,从针对货物贸易扩大到投资、金融等领域,吸收了其他保税区已试行的做法,推出了一些适应投资发展的税收政策。主要有以下二类:

第一,注册在试验区内的企业或个人股东,因非货币性资产对外投资等资产重组行为而产生的资产评估增值部分,可在不超过5年期限内分期缴纳所得税,而不是在投资时一次性缴纳。

第二,对试验区内企业以股份或出资比例等股权形式给予企业高端人才和紧缺人才的奖励,实行已在中关村等地区试点的股权激励个人所得税分期纳税政策,最长可在不超过5年内分期缴税。

通过对以上三个方面的政策比较和分析,大致梳理出上海自贸区建立的税收政策体系(见表1-1)。

表1-1　　　　　　　　　上海自贸区税收政策体系

功能定位			外高桥保税区	洋山保税港区	浦东机场综保区	上海自贸区
	货物		进出口、转口贸易	国际中转、国际转口贸易、国际采购	国际中转、国际转口贸易、国际快件转运	推进服务业扩大开放和投资管理体制改革,推动贸易转型升级,深化金融领域开放,培育国际化、法治化的营商环境,发挥示范带动、服务全国的积极作用
			加工贸易	出口加工	出口加工	
	服务	营改增范围	货物储存、货物运输	国际配送、运输装卸	国际配送、仓储物流	
		营改增尚未试点范围	商品展示、商品交易	—	商品展示交易	
			金融	与航运配套的金融、保险、代理、理赔、检测等	与融资租赁配套的金融保险、维修检测、代理等	

续表

		外高桥保税区	洋山保税港区	浦东机场综保区	上海自贸区
货物税收政策	境内货物 进入保税区	经保税区出口：退税	进入保税区视同出口：退税	进入综合保税区视同出口：退税	对区内生产企业和生产性服务业企业进口所需的机器、设备等货物予以免税
	境外货物 境外运入区内	免征关税和进口环节税	免征关税和进口环节税	保税或者免征关税和进口环节税	同左
	区内运往境外	免征关税		免征出口关税	
	区内运往非保税区（国内）	征收关税和进口环节税	按进口办理，并按货物实际状态征税	按进口办理，并按货物实际状态征税	征收进口增值税、消费税，按其对应进口料件或实际报验状态征收关税
	区内产品 区内销售或运往境外	免征生产环节税	免征相应的增值税和消费税	免征增值税和消费税	同左
	销往国内非保税区	征收生产环节税，按比例征收关税、进口环节税	按进口办理，并按货物实际状态征税	按进口办理，并按货物实际状态征税	征收进口增值税、消费税，按其对应进口料件或实际报验状态征收关税
服务税收政策	区内注册 营改增试点范围	—	增值税即征即退（货物运输服务、仓储服务和装卸搬运服务）	—	完善启运港退税试点政策，适时研究扩大启运地、承运企业和运输工具等试点范围
	营改增尚未试点范围	—	—	—	1. 融资租赁：出口退税 2. 租赁公司：增值税优惠 3. 研究完善适应境外股权投资和离岸业务发展的税收政策
税收监管	保税区与境外	免于常规监管；备案、稽核	洋山保税港区管理委员会会同有关部门建立监管协调机制	（未明确）	对通过自贸试验区口岸进出口或国际中转的货物，按照口岸货物状态监管

资料来源：根据有关文献及资料综合整理。

（二）国际金融中心税收政策

上海国际金融中心主要涉及的是跨境金融服务和国际金融服务。

国际金融服务主要涉及的是境内金融企业向境外企业提供的金融服务。根据《增值税暂行条例》的规定，境内企业和个人提供境外企业间的资金融通和直接收费金融服务，且与境内货物、无形资产、不动产无关的，适用增值税免税政策。

由于我国金融服务税收政策的复杂性，使得跨境金融服务的情况变得更为复杂。跨境金融服务税收政策主要涉及增值税和所得税等税种。

1. 跨境金融服务增值税

主要分为贷款、直接收费、金融商品转让和保险服务四类。这四类分别以提供贷款服务取得利息收入、提供直接收费金融服务收取各类费用、金融商品转让差额和保费收入为计税依据，并统一按6%适用税率征收增值税。其中，贷款利息和金融商品转让不能开具增值税专用发票作为下游企业进项税抵扣。跨境金融服务免税项目主要有：合格境外投资者委托境内公司在我国从事证券买卖业务;香港市场投资者(包括单位和个人)通过沪港通买卖上海证券交易所上市 A 股;对香港市场投资者(包括单位和个人)通过基金互认买卖内地基金份额;为境外单位之间的货币资金融通及其他金融业务提供的直接收费金融服务;为出口货物提供的保险服务,包括出口货物保险和出口信用保险;纳税人从境外承担跨国企业集团内部成员单位资金集中运营管理职能的资金结算公司取得的收入。

2. 跨境金融所得税政策

对于居民企业,就其中国境内所得和境外所得,按中国税法 25% 适用税率征税,境外已纳所得税可作税收抵免;对于非居民企业,仅就其中国境内所得征税。上海自贸区对跨境金融服务的税收政策主要有:注册在试验区内的企业或个人股东,在以非货币性资产对外投资过程中因资产重组产生的评估增值,可在不超过 5 年的期限内分期缴纳增值部分的所得税;为吸引高端紧缺人才,对试验区内企业以股权(股份)形式给予相关人员的奖励,获奖人在取得股权时暂不缴纳所得税,但股权转让时需要依法缴纳所得税;提出"在符合税制改革方向和国际惯例,且不会导致利润转移和税基侵蚀的前提下,积极研究完善适应境外股权投资和离岸业务发展的税收政策"。

上述跨境金融服务税收政策(所得税和增值税)按行业细分如下:

1. 跨境结算税收政策制度

目前我国提供跨境结算服务的主体主要包括以下四类,分别为银行、专业汇款、国际信用卡公司和第三方支付公司。因此,跨境结算在国内涉及的主要税种包括企业所得税和增值税。

(1) 企业所得税。《中华人民共和国企业所得税法》(简称《企业所得税法》)第三条规定,居民企业应当就其来源于中国境内、境外的所得缴纳企业所得税。非居民企业在中国境内设立机构、场所的,应当就其所设机构、场所取得的来源于中国境内的所得,以及发生在中国境外但与其所设机构、场所有实际联系的所得,缴纳企业所得税。非居民企业在中国境内未设立机构、场所的,或者虽设立机构、场所但取得的所得与其所设机构、场所没有实际联系的,应当就其来源于中国境内的所得缴纳企业所得税。

《中华人民共和国企业所得税法实施条例》(简称《企业所得税法实施条例》)第七条对来源于中国境内、境外的所得确定原则进行了明确规定:销售货物所得,按照交易活动发生地确定;提供劳务所得,按照劳务发生地确定;转让财产所得,不动产转让所得按照不动产所在地确定,动产转让所得按照转让动产的企业或者机构、场所所在地确定,权益性投资资产转让所得按照被投资企业所在地确定;股息、红利等权益性投资所得,按照分配所得的企业所在地确定;利息所得、租金所得、特许权使用费所得,按照负担、支付所得的企业或者机构、场所所在地确定,或者按照负担、支付所得的个人的住所地确定;其他所得,由国务院财政、税务主管部门确定。

根据《企业所得税法》第二十七条第五款、第三十七条和《企业所得税法实施条例》第九十一条规定,非居民企业在中国境内未设立机构、场所的,或者虽设立机构、场所但取得的所得与其所设机构、场所没有实际联系的,其来源于中国境内的所得实行源泉扣缴,减按10%的税率征收企业所得税。结合企业所得税纳税人身份类别,跨境结算服务企业所得税纳税义务如表1-2所示。

表1-2　　　　　　　　跨境结算服务企业所得税纳税义务

纳税人类别	结算服务发生于境内	结算服务发生于境外
居民企业	缴纳企业所得税	缴纳企业所得税
在中国境内设立机构、场所的非居民企业	缴纳企业所得税	与其所设机构、场所有实际联系的所得,缴纳企业所得税
在中国境内未设立机构、场所的非居民企业	缴纳企业所得税(实行源泉扣缴,减按10%税率征收)	不属于征税范围,无纳税义务

资料来源:根据有关文献及资料综合整理。

(2)增值税。根据财政部、国家税务总局《关于全面推开营业税改征增值税试点的通知》(财税〔2016〕36号,简称36号文)附件1所附《销售服务、无形资产、不动产注释》规定,金融服务包括贷款服务、直接收费金融服务、保险服务和金融商品转让。直接收费金融服务指为货币资金融通及其他金融业务提供相关服务并且收取费用的业务活动,包括提供货币兑换、账户管理、电子银行、信用卡、信用证、财务担保、资产管理、信托管理、基金管理、金融交易场所(平台)管理、资金结算、资金清算、金融支付等服务。因此,跨境结算服务属于直接收费的金融服务。

此外,36号文附件1还规定,在中华人民共和国境内销售服务、无形资产或者不动产的单位和个人,为增值税纳税人,应当按照本办法缴纳增值税。中华人民共和国境外单位或者个人在境内发生应税行为,在境内未设有经营机构的,以购买方为增值税扣缴义务人。在境内销售服务、无形资产或者不动产,具体为:服务(租赁不动产除外)或者无形资产(自然资源使用权除外)的销售方或者购买方在境内;所销售或者租赁的不动产在境内;所销售自然资源使用权的自然资源在境内;财政部和国家税务总局规定的其他情形。36号文附件4规定,为境外单位之间的货币资金融通及其他金融业务提供的直接收费金融服务,且该服务与境内的货物、无形资产和不动产无关,可免征增值税。结合36号文规定,跨境结算服务手续费收入的增值税征免如表1-3所示。

表1-3　　　　　　　　　跨境结算服务增值税政策

	跨境结算服务销售方在境内	跨境结算服务销售方在境外
跨境结算服务购买方在境内	缴纳增值税	缴纳增值税(如在境内未设有经营机构时,以购买方为增值税扣缴义务人)
跨境结算服务购买方在境外	缴纳增值税(为境外单位之间货币资金融通及其他金融业务提供的直接收费金融服务,且该服务与境内的货物、无形资产和不动产无关时,则免税)	不属于征税范围,无纳税义务

资料来源:根据有关文献及资料综合整理。

2. 跨境融资税收政策制度

（1）企业所得税。跨境融资属于《企业所得税法实施条例》规定的债权性投资。所谓债权性投资，是指需要偿还本金和支付利息或者需要以其他具有支付利息性质的方式予以补偿的融资。因此，跨境融资的企业所得税处理涉及利息收入的税收征免和利息支出的企业所得税前扣除。跨境融资中，境内外机构从境内外取得的利息收入属于企业所得税的应税收入，应该根据境内外机构的纳税人身份类型，申报缴纳企业所得税或由借款人进行扣缴（扣缴税率10%，如有税收协定的，从其规定）。根据《企业所得税法实施条例》规定，外国政府向中国政府提供贷款取得的利息所得、国际金融组织向中国政府和居民企业提供优惠贷款取得的利息所得，免征企业所得税。

跨境融资中，境内机构向境外支付的利息在税前列支时需要满足以下几个前提条件。

第一，已按规定扣缴税款。根据《国家税务总局关于非居民企业所得税管理若干问题的公告》（国家税务总局公告2011年第24号）第一条规定，境内企业和非居民企业支付利息时，如果未按照合同或协议约定的日期支付，或者变更或修改合同或协议延期支付，但已计入企业当期成本、费用，并在企业所得税年度纳税申报中作税前扣除的，应在企业所得税年度纳税申报时按照企业所得税法有关规定代扣代缴企业所得税。

第二，不超过金融企业同期同类贷款利息。根据《企业所得税法实施条例》规定，非金融企业向非金融企业借款的利息支出，不超过按照金融企业同期同类贷款利率计算的数额的部分，准予税前扣除。

第三，不超过规定比例。根据《关于企业关联方利息支出税前扣除标准有关税收政策问题的通知》（财税〔2008〕121号）规定，金融企业按比例为5∶1，其他企业为2∶1。根据国家税务总局关于印发《特别纳税调整实施办法（试行）》的通知（国税发〔2009〕2号），超过规定比例不得在计算应纳税所得额时扣除的利息支出，不得结转到以后纳税年度；应按照实际支付给各关联方利息占关联方利息总额的比例，在各关联方之间进行分配，直接或间接实际支付给境外关联方的利息应视同分配的股息，按照股息和利息分别适用的所得税税率差补征企业所得税，如已扣缴的所得税税款多于按股息计算应征所得税税款，多出的部分不予退税。

第四，不存在投资者投资未到位情形。根据《国家税务总局关于企业投资者投资未到位而发生的利息支出企业所得税前扣除问题的批复》（国税函〔2009〕312号），凡企业投资者在规定期限内未缴足其应缴资本额的，该企业对外借款所发生的利息，相当于投资者实缴资本额与在规定期限内应缴资本额的差额应计付的利息，其不属于企业合理的支出，应由企业投资者负担，不得在计算企业应纳税所得额时扣除。

（2）个人所得税。根据《中华人民共和国个人所得税法》（简称《个人所得税法》）、《中华人民共和国个人所得税法实施条例》（简称《个人所得税法实施条例》）及相关规范性文件规定，个人所得税的纳税人同样分为居民纳税人与非居民纳税人，居民纳税人应就来源于中国境内和境外的所得缴纳个人所得税,非居民纳税人仅就来源于中国境内取得的所得缴纳个人所得税。下列所得,不论支付地点是否在中国境内,均为来源于中国境内的所得:① 因任职、受雇、履约等在中国境内提供劳务取得的所得;② 将财产出租给承租人在中国境内使用而取得的所得;③ 转让中国境内的建筑物、土地使用权等财产或者在中国境内转让其他财产取得的所得;④ 许可各种特许权在中国境内使用而取得的所得;⑤ 从中国境内的公司、企业以及其他经济组织或者个人取得的利息、股息、红利所得。跨境融资的个人所得税税收征免情况如表1-4所示。

表1-4 跨境融资个人所得税政策

所 得 来 源	居民纳税人	非居民纳税人
从中国境内的公司、企业以及其他经济组织或者个人取得的利息	缴纳个人所得税	缴纳个人所得税
从中国境外的公司、企业以及其他经济组织或者个人取得的利息		不属于征税范围,无纳税义务

资料来源:根据有关文献及资料综合整理。

(3) 增值税。跨境融资行为属于财税〔2016〕36号文中的贷款服务,只要资金的提供方或资金的接收方在中国境内,利息收入即属于增值税的征税范围。根据36号文规定,纳税人接受贷款服务向贷款方支付的与该笔贷款直接相关的投融资顾问费、手续费、咨询费等费用,其进项税额不得从销项税额中抵扣。根据财政部、国家税务总局《关于金融机构同业往来等增值税政策的补充通知》(财税〔2016〕70号)规定,境内银行与其境外的总机构、母公司之间,以及境内银行与其境外的分支机构、全资子公司之间的资金往来业务属于银行联行往来业务,取得的利息收入免征增值税。

(4) 印花税。根据《中华人民共和国印花税暂行条例》和《中华人民共和国印花税暂行条例实施细则》规定,银行及其他金融组织和借款人所签订的借款合同要缴纳印花税,于书立或者领受时贴花。应税凭证无论在中国境内或者境外书立,均应依照条例规定贴花。如果合同在国外签订的,应在国内使用时贴花。无息、贴息贷款合同,以及外国政府或者国际金融组织向我国政府及国家金融机构提供优惠贷款所书立的合同,免征印花税。

3. 跨境投资税收政策制度

(1) FDI与ODI。

① 企业所得税。第一,FDI。改革开放初期,我国无论是在资金上,还是在技术上,都存在明显不足。在这种背景下,中国利用土地、劳动力、赋税等方面的优惠条件以吸引外资进入。20世纪80年代初期,我国初步建立了涉外税收制度。2007年3月16日,我国公布了《企业所得税法》,于2008年1月1日起施行。新的《企业所得税法》取代了1991年4月9日公布的《外商投资企业和外国企业所得税法》与1993年12月13日发布的《企业所得税暂行条例》,打破了内外资税收不公平的规则,逐步终结了外资的"超国民待遇"。结合《企业所得税法》《企业所得税法实施条例》及税收协定等相关规定,目前FDI

企业所得税的税收征免如表1-5所示。财政部、国家发展和改革委员会、国家税务总局、商务部《关于扩大境外投资者以分配利润直接投资暂不征收预提所得税政策适用范围的通知》(财税〔2018〕102号)规定,对境外投资者从中国境内居民企业分配的利润,用于境内直接投资暂不征收预提所得税政策的适用范围,由外商投资鼓励类项目扩大至所有非禁止外商投资的项目和领域。

表1-5　　　　　　　居民企业和非居民跨境投资企业所得税政策

纳税人类别		持有收益(股息、红利)	处置收益(转让所得)
居民企业		缴纳企业所得税(直接投资于其他居民企业取得的投资收益免征企业所得税,不包括连续持有居民企业公开发行并上市流通的股票不足12个月所取得的投资收益)	缴纳企业所得税
非居民企业	在中国境内设立机构、场所	取得与该机构、场所有实际联系的股息、红利等权益性投资收益,征收企业所得税(不包括连续持有居民企业公开发行并上市流通的股票不足12个月所取得的投资收益);与其机构、场所没有实际联系的,预提所得税(适用源泉扣缴,税率为10%,有税收协定的,从其规定)	与其所设机构、场所有实际联系的所得,缴纳企业所得税;与其机构、场所没有实际联系的,预提所得税(适用源泉扣缴,税率为10%,有税收协定的,从其规定)
	在中国境内未设立机构、场所	预提所得税(适用源泉扣缴,税率为10%,有税收协定的,从其规定)	预提所得税(适用源泉扣缴,税率为10%,有税收协定的,从其规定)

资料来源:根据有关文献及资料综合整理。

第二,ODI。对于境内投资者取得的境外所得,我国采用抵免法来避免国际重复征税,即对本国居民的国外所得征税时,允许其用国外已纳的税款冲抵在本国应缴纳的税款,从而实际征收的税款只为该居民应纳本国税款与已纳外国税款的差额。根据《企业所得税法》《企业所得税法实施条例》及相关规范性文件规定,境外所得税收抵免政策主要采取分国不分项抵免法,对企业从境外取得股息、红利等权益性投资收益所负担的所得税的间接抵免层级不超过三层。随着国家"一带一路"倡议的实施与我国企业境外投资日益增加,原有政策安排可能会导致同时在多个国家(地区)投资的企业存在抵免不足、抵免层级较少而无法满足"走出去"企业的实际需要等问题。财政部、税务总局《关于完善企业境外所得税收抵免政策问题的通知》(财税〔2017〕84号)调整了抵免方法,企业可自行选择采取分国不分项或者不分国不分项的抵免方法,同时调整扩大了间接抵免的层级,将境外股息间接抵免的层级由三层调整至五层。

② 个人所得税。第一,FDI。个人所得税实行全员全额扣缴制度,实行个人所得税全员全额扣缴申报的应税所得包括:工资、薪金所得,劳务报酬所得,稿酬所得,特许权使用费所得,利息、股息、红利所得,财产租赁所得,财产转让所得,偶然所得和经国务院财政部门确定征税的其他所得。扣缴义务人所指向的是个人支付应税所得的单位和个人。境外个人投资者从境内取得的股息、红利所得及权益性投资转让所得,应由扣缴义务人进行扣缴。非居民纳税人符合享受协定待遇条件的,通过扣缴义务人在扣缴申报时,应当主动向

扣缴义务人提出,并向扣缴义务人提供相关报告表和资料,接受税务机关的后续管理。

第二,ODI。我国对个人所得税纳税人从境外取得的所得同样实施抵免政策,准予其在应纳税额中扣除已在境外缴纳的个人所得税税额,但扣除额不得超过该纳税义务人境外所得依照个人所得税法规定计算的应纳税额。纳税义务人个人所得税的抵免遵循分国不分项原则,即从中国境外取得的所得,需区别不同国家或者地区和不同所得项目,依照税法规定的费用减除标准和适用税率计算应纳税额;同一国家或者地区内不同所得项目的应纳税额之和,为该国家或者地区的扣除限额。纳税义务人在中国境外实际缴纳的个人所得税税额低于扣除限额的,应当在中国缴纳差额部分的税款;超过扣除限额的,其超过部分不得在本纳税年度扣除,但可在以后纳税年度该国家或者地区扣除限额的余额中补扣,补扣期限最长不得超过五年。

③ 增值税。股权投资不属于增值税的征税范围,即股息、红利及股权转让(上市公司股票除外)收益均不征收增值税。但若是涉及非货币性资产投资行为,如以有形动产、技术等开展跨境投资行为,就会涉及进出口环节的流转税管理问题。

④ 印花税。营业账簿属于印花税的应税凭证,根据国家税务总局《关于资金账簿印花税问题的通知》(国税发〔1994〕25号)规定,生产经营单位执行《企业会计准则》与《企业财务通则》后,应按实收资本与资本公积两项合计金额的万分之五贴花。为减轻企业负担,鼓励投资创业,财政部、国家税务总局发布《关于对营业账簿减免印花税的通知》(财税〔2018〕50号),规定自2018年5月1日起,对按万分之五税率贴花的资金账簿减半征收印花税。发生的股权转让行为,按产权转移数据贴花。

(2) QFII和RQFII。目前我国将QFII和RQFII的纳税人身份认定为企业,因此QFII和RQFII的税收征免主要涉及的税种为企业所得税、增值税和印花税。

① 企业所得税。根据财政部、国家税务总局、证监会《关于QFII和RQFII取得中国境内的股票等权益性投资资产转让所得暂免征收企业所得税问题的通知》(财税〔2014〕79号)规定,从2014年11月17日起,对QFII和RQFII取得来源于中国境内的股票等权益性投资资产转让所得,暂免征收企业所得税。上述规定适用于在中国境内未设立机构、场所,或者在中国境内虽设立机构、场所,但取得的上述所得与其所设机构、场所没有实际联系的QFII和RQFII。对QFII和RQFII投资我国债券、基金等取得的差价收入,根据《企业所得税法实施条例》第七条规定,不能认定为来源于我国境内所得,不征收企业所得税。

根据国家税务总局《关于中国居民企业向QFII支付股息、红利、利息代扣代缴企业所得税有关问题的通知》(国税函〔2009〕47号)规定,QFII取得来源于中国境内的股息、红利和利息收入,应当按照企业所得税法规定缴纳10%的企业所得税。如果是股息、红利,则由派发股息、红利的企业代扣代缴;如果是利息,则由企业在支付或到期应支付时代扣代缴。

② 增值税。按照财政部、国家税务总局《关于金融机构同业往来等增值税政策的补充通知》(财税〔2016〕70号)等文件规定,QFII和RQFII委托境内公司在我国从事证券买

卖业务取得的金融商品转让收入,免征增值税;对其投资我国银行间本币市场取得的利息收入,应依法征收增值税。同时,按照增值税对法定扣缴义务人的规定,境外机构发生上述增值税应税行为,在境内未设有经营机构的,以利息支付方为增值税扣缴义务人。

③印花税。经国务院批准,根据财政部、国家税务总局《关于证券交易印花税改为单边征收问题的通知》(财税明电〔2008〕2号)规定,财政部、国家税务总局决定从2008年9月19日起,调整证券(股票)交易印花税征收方式,将现行的对买卖、继承、赠与所书立的A股、B股股权转让书据按千分之一的税率对双方当事人征收证券(股票)交易印花税,调整为单边征税,即对买卖、继承、赠与所书立的A股、B股股权转让书据的出让方按千分之一的税率征收证券(股票)交易印花税,对受让方不再征税。境外机构投资者投资我国债券、基金等不需要缴纳印花税。

(3) QDII和RQDII。QDII和RQDII目前的税收征免并没有专门的规范性文件,但由于QDII和RQDII属于资管产品范畴,税收征免的原则如下:在所得税上,将QDII和RQDII认定为"导管",即对产品不征税,对投资者投资产品取得的所得进行税收征免。按照上述原则,对企业投资者持有的QDII和RQDII产品分红收益征收企业所得税(公募基金除外),对取得的QDII和RQDII产品处置收益征收企业所得税;对个人投资者持有的QDII和RQDII产品分红收益不征收个人所得税(无对应税目),对取得的QDII和RQDII产品处置收益征收个人所得税(财产转让所得)。在增值税上,将QDII和RQDII认定为"实体",即对QDII和RQDII运营过程中发生的应税行为(如取得利息收入、金融商品转让)征收增值税,但纳税义务人为QDII和RQDII的管理人,管理人可按照简易计税办法缴纳增值税。

(4) 内地与香港跨境资金双向流动制度安排。目前除债券通制度以外,沪港通、深港通、基金互认均由专门税收规范性文件对投资者的所得税、增值税、印花税等税收的征免作出相关规定。总体的税收征管原则如表1-6所示。

表1-6　　　　　　　内地与香港跨境资金双向流动税收政策

		持有收益(分红)				处置收益(转让差价)			
		个人投资者		企业投资者		个人投资者		企业投资者	
		内地	香港	内地	香港	内地	香港	内地	香港
沪港通、深港通	所得税	预提税率20%可抵免	预提税率10%有协定的按协定	征税 有预提的可抵免(连续持有满12个月取得的股息红利所得免税)	预提税率10%有协定的按协定	免税	免税	征税	免税
	增值税	不属于征税范围	不属于征税范围	不属于征税范围	不属于征税范围	免税	免税	征税	免税
	印花税	不属于征税范围	不属于征税范围	不属于征税范围	不属于征税范围	香港印花税	卖出时征税	香港印花税	卖出时征税

续表

		持有收益（分红）				处置收益（转让差价）			
		个人投资者		企业投资者		个人投资者		企业投资者	
		内地	香港	内地	香港	内地	香港	内地	香港
基金互认	所得税	预提税率20%	预提利息7%股利10%	征税	预提利息7%股利10%	免税	免税	征税	免税
	增值税	保本征税	保本征税	保本征税	保本征税	免税	免税	征税	免税
	印花税	不属于征税范围	不属于征税范围	不属于征税范围	不属于征税范围	香港印花税	暂不征税	香港印花税	暂不征税

资料来源：根据有关文献及资料综合整理。

（5）QFLP。

① 所得税。由于 QFLP 采取合伙制，根据我国合伙企业税收政策规定，合伙企业生产经营所得和其他所得采取"先分后税"的原则，合伙企业不缴纳所得税，以每一个合伙人为纳税义务人。合伙企业合伙人是自然人的，缴纳个人所得税；合伙人是法人和其他组织的，缴纳企业所得税。QFLP 的投资者如为企业，则其所得税的处理参照 FDI 的企业所得税处理，但由于不属于直接投资，因此不能享受直接投资于其他居民企业股息、红利免征企业所得税的税收待遇。QFLP 的投资者如为自然人，则其所得税的处理参照 FDI 的个人所得税处理。

② 增值税。由于股权投资行为不属于增值税的征税范围，因此 QFLP 取得的股息、红利及转让非上市公司股权行为，不征收增值税。

③ 印花税。由于合伙企业合伙人出资额不计入"实收资本"与"资本公积"，因此不征收资金账簿印花税。合伙企业转让股权按产权转移书据贴花。

（6）QDLP 和 QDIE。

① 所得税。QDLP 和 QDIE 根据投资者身份不同，分别征收企业所得税与个人所得税。但对合伙人能否穿透享受抵免待遇，目前税收规定尚不明确。

② 增值税。如果 QDLP 和 QDIE 采取合伙制，则以合伙企业为增值税纳税人，发生的股权投资行为不属于增值税的征税范围（包括股息、红利及股权转让收益）。如果采用契约制，则以管理人为纳税人，对产品发生的应税行为按照简易计税方法缴纳增值税，由于是股权投资，股息、红利及股权转让收益不属于增值税的征税范围。

③ 印花税。由于合伙企业合伙人出资额不计入"实收资本"与"资本公积"，因此不征收资金账簿印花税。如发生股权转让行为，应税凭证无论在中国境内或者境外书立，均应依照产权转移书据贴花；如合同在国外签订的，应在国内使用时贴花。

4. 跨境租赁税收政策制度

跨境租赁作为跨境融资的特殊形式，具有以融物代替融资的特性，在税收政策规定中,融资租赁与经营租赁的税收待遇并不相同。

（1）企业所得税。虽然企业所得税下并未对融资租赁与经营租赁作出相应定义,但是《企业所得税法》和《企业所得税法实施条例》中对租金收入确认的时间、融资租出的固定资产折旧以及经营租赁、融资租赁费用如何扣除作出了明确规定。企业所得税将融资租出视同财产转让,将融资租入视同购入资产,而经营租赁则不涉及销售资产的税务处理。但是根据国家税务总局《关于企业处置资产所得税处理问题的通知》(国税函〔2008〕828号)规定,企业将资产转移至境外则需要视同销售确认收入,不分经营租赁或融资租赁。因此跨境租赁当中,如果境内企业将动产出租于境外单位或个人,则在企业所得税上均需确认转让财产所得,对境外已扣缴过的预提所得税可以进行税收抵免。境外单位将动产融资租赁给境内单位时,如果租赁期限届满伴随资产所有权转移,则按照国家税务总局《关于非居民企业所得税管理若干问题的公告》(国家税务总局公告2011年第24号)规定视同借款处理,由中国境内企业在支付时代扣代缴相当于贷款利息部分(租赁费扣除设备、物件价款后的余额。其中,租赁费包括租赁期满后作价转让给中国境内企业的价款)的预提所得税。对于不动产租赁,根据国家税务总局公告2011年第24号规定,非居民企业出租位于中国境内的房屋、建筑物等不动产,对未在中国境内设立机构、场所进行日常管理的,以其取得的租金收入全额计算缴纳企业所得税,由中国境内的承租人在每次支付或到期应支付时代扣代缴。如果非居民企业委派人员在中国境内或者委托中国境内其他单位或个人对上述不动产进行日常管理的,应视为其在中国境内设立机构、场所,非居民企业应在税法规定的期限内自行申报缴纳企业所得税。

（2）增值税。财税〔2016〕36号文将租赁分为经营租赁与融资租赁,其中融资租赁指的是直租业务,对于融资性售后回租则界定为贷款业务。因此,对于经营租赁与融资租赁,需要按照标的物为动产还是不动产分别适用13%或9%的税率,而融资性售后回租由于属于贷款业务,则不分标的物类别均适用6%的税率。在跨境租赁当中,根据36号文规定,境内单位或个人提供标的物在境外使用的有形动产租赁服务(包括经营租赁与融资租赁)免征增值税。由于融资性售后回租属于贷款业务,而跨境融资无增值税免税待遇,因此,经批准从事融资租赁业务的境内单位跨境提供融资性售后回租取得的利息净收入需要缴纳增值税。对于境外单位和个人提供跨境租赁服务取得的收入则属于增值税的征税范围(境外单位或者个人向境内单位或者个人出租完全在境外使用的有形动产除外),若其在境内未设有经营机构的,以购买方为增值税扣缴义务人。对于涉及有形动产租赁服务的,进口环节增值税由海关代征(另有规定的除外,如飞机租赁)。

（3）关税。根据《中华人民共和国进出口关税条例》规定,以租赁方式进口的货物需要缴纳进口环节关税,以海关审查确定的该货物的租金作为关税的完税价格。

（4）印花税。租赁合同属于印花税的应税凭证,经营租赁合同属于财产租赁合同,需按租赁金额千分之一贴花;融资租赁(包含融资性售后回租)合同则按照借款合同贴花,即按照其所载明的租金总额按万分之零点五的税率计税贴花。

5. 跨境保险税收政策制度

（1）企业所得税。在跨境保险业务当中，境内保险企业以境外标的物开展保险业务取得的保费收入应并入境内保险企业的收入总额缴纳企业所得税，如境外取得的保费收入被扣缴过预提所得税，则可以按照规定进行税收抵免。境外保险企业以境内标的物开展保险业务取得的保费收入，如果在境内未设立机构、场所，或虽设立了机构、场所，但取得的保费收入与其机构、场所无关，则应扣缴预提所得税。

① 保险企业离岸业务。境内保险企业从事离岸直保业务和离岸再保险业务，没有任何税收优惠，适用25%的企业所得税税率。根据《全面深化中国（上海）自由贸易试验区改革开放方案》中第二十二条的相关规定，要探索具有国际竞争力的离岸税制安排，在不导致税基侵蚀和利润转移的前提下，基于真实贸易和服务背景，结合服务贸易创新试点工作，研究探索服务贸易创新试点扩围的税收政策安排。

② 保险企业佣金手续费及佣金支出。税前扣除比例限额，允许据实扣除。根据财税〔2009〕29号文的规定，企业发生与生产经营有关的手续费及佣金支出，不超过规定计算限额以内的部分，准予扣除；超过部分，不得扣除。

（2）增值税。根据财税〔2016〕36号文规定，境内保险企业以境外标的物开展保险业务取得的保费收入以及境外保险企业以境内标的物开展保险业务取得的保费收入均属于增值税征税范围，应该缴纳增值税（或由购买方扣缴），但出口货物保险与出口信用保险享受增值税免税待遇。对于跨境再保险业务，根据财税〔2016〕68号文规定，境内保险公司向境外保险公司提供的完全在境外消费的再保险服务，免征增值税。

（3）印花税。根据《印花税暂行条例》规定，财产保险合同印花税征税范围包括财产、责任、保证、信用等保险合同。立合同人按保险费收入千分之一贴花。单据作为合同使用的，按合同贴花。

二、五大自贸区与国际金融中心的税收政策

中国香港、新加坡、阿联酋迪拜、英国伦敦和美国纽约既是国际著名的自由贸易区，又是全球久负盛名的国际金融中心。上海未来的发展目标是建设成为国际性金融中心与全球著名自由贸易区。为了更深入地分析上海相关税收政策的优势与不足，本报告在此处整理了五大自贸区与国际金融中心的税收政策，并跟上海自贸区与国际金融中心税收政策进行对比。

（一）新加坡

1. 自贸区税收政策

新加坡根据《自由贸易区法案（2014修订版）》设立了樟宜自贸区、空港物流园区、乌

拉尼终端保税区、岌巴分销园自由贸易区、裕廊海港自贸区、巴西班让港口自贸区,每个自贸区都有其特有功能定位。

（1）关税。新加坡的自贸区采用境内关外做法,只提供免税区,便于商家存放、改装、分拣、展示以至再出口。如果将自由贸易区内的产品投入到新加坡市场,则应税和非应税货物都需要征收7%的货劳税。新加坡政府除了在国内实行大幅度的税收减免政策外,自由贸易园区还针对重点扶持发展的产业和领域,给予额外的优惠政策。① 税收的优惠政策吸引了大量海外投资,同时也间接地推动了新加坡内企业"走出去"。

（2）企业所得税。新加坡自贸区给予区内企业额外的税收优惠政策。新加坡自贸区内实行统一的企业所得税政策,除合伙企业与个人独资企业外,区内缴纳企业所得税的义务人包括按照新加坡法律依法成立的国内公司、在新加坡依法注册登记的外资公司,以及虽不在新加坡注册登记但依照新加坡属地管辖原则来自新加坡应纳税款的域外公司。新加坡的企业所得税税率为17%,自贸区内的企业所得税税率仅为5%~10%②,而且只征收经营利得税,不征收资本利得税。这些优惠的税收政策吸引了大量投资者,从而推动了新加坡自贸区的发展。③

2. 国际金融中心税收政策

多年来,无论在股票市场、债券市场、保险市场还是资产管理市场,新加坡都取得了较大的成就。同时,新加坡将金融业作为本国重要经济支柱。为了吸引资本和境外投资,新加坡政府根据国内和国际经济形势的变化发展,为金融业提供了一系列配套的税收优惠政策。在所得税方面,规定企业或个人从金融业取得的特定所得可以享受免税政策。例如,经批准的风险投资公司从事批准的投资所得免税或按优惠税率征税;非居民（个人除外）在2007年至2017年之间取得的合同,仅就其来源于新加坡的由金融机构提供的结构性产品所得免税。④ 在具体金融行业方面,主要有以下内容⑤:

（1）国际金融服务税收政策。国际金融服务适用增值税零税率优惠。例如,对向非居民提供的各类金融业务、国际货运（客运）保险及其代理业务、出口货物相关的金融业务等均实行零税率。

（2）银行业税收政策。银行金融服务适用增值税免税优惠。例如,对银行账户的运营和管理业务、货币汇兑业务、银行卡支付业务、银行票据业务等均实行免税。

---

① 上海财经大学自贸区发展研究院,上海发展研究院. 世界100个自由贸易区概览[M]. 上海:上海财经大学出版社,2013.
② 上海财经大学自贸区发展研究院,上海发展研究院. 世界100个自由贸易区概览[M]. 上海:上海财经大学出版社,2013.
③ IRAS. Income Tax Rates [EB/OL]. https://www.iras.gov.sg/irashome/Individuals/Locals/Working-Out-Your-Taxes/Income-Tax-Rates/.
④ 苏州工业园区地方税务局课题组. 中国与新加坡金融业的税制比较[J]. 税务研究,2015(4):119-122.
⑤ 王敏,张辉. 新加坡金融业税收优惠政策及其借鉴[J]. 国际税收,2015(11):10-13.

(3) 基金业税收政策。新加坡对基金业实行的一项税收激励计划是对在新加坡境内获得认可的基金管理公司(Approved Fund Managers,简称 AFM)给予一定的税收优惠。2009 年,新加坡政府规定,对由 AFM 管理的基金发生的费用可以按一定比例抵扣进项商品与劳务税。2014 年,新加坡政府决定延长税收优惠政策,即对于由 AFM 管理的符合规定的基金所获得的收入予以免税,这些基金包括居民受托人和非居民受托人持有的信托基金、非居民注册公司持有的信托基金、居民企业的基金。同时,新加坡政府对于外国人投资新加坡的基金管理公司也制定了相应的税收优惠政策,从 2002 年 5 月 3 日起,外国投资者投资于新加坡任何基金管理公司所获得的收入都实行免税。而在此之前,外国投资者的资金只有由新加坡境内获得认可的基金管理公司、符合"提升资格"的基金管理公司以及认可的精品基金管理公司所管理,其收入才可以享受免税。新加坡发展基金管理市场实行的是政府主导战略,目的是推动新加坡向国际基金管理中心迈进,所采取的税收优惠政策具有很强的政策引导性。

另一项税收优惠计划——单位信托计划(Duty of Unite Trusts,简称 DUT)实行于 1995 年。DUT 是对单位信托的一项特殊税收规范,目的是为了培育发展新加坡国内零售信托行业。对于符合 DUT 规定的单位信托的收入不会被视为法定收入,因此不需缴税。同时,个人可从零售信托基金投资中获得分红免税。2006 年,DUT 扩展到其他类型的单位信托。对于一些机构投资者来说,其从信托基金投资中获得的分红也享受免税政策。2014 年,新加坡政府对 DUT 做出了一些改变,将信托基金投资收入免税政策的优惠对象更改为仅面向散户投资者的信托企业,其对散户投资者的信托收入分红是免税的,而面向非散户投资者的信托公司不再适用于此计划。

此外,在新加坡政府的金融激励计划中,对境外基金设立的新加坡分支机构提供税收优惠,离岸基金享受免税优惠,并对基金经理提供 10% 的税收减免。同时,新加坡的金融发展基金还给予基金经理专业培训方面的资金支持。

(4) 信托基金行业税收政策。新加坡第一只房地产信托投资基金(Real Estate Investment Trusts,简称 REITs)发行于 2002 年 7 月,嘉茂商产信托成为第一只在新加坡挂牌的 REITs,自此以后,新加坡的房地产信托投资基金迅速发展。2001 年,新加坡税务当局为 REITs 制定了税收优惠措施,并规定房地产信托投资企业如果将当年内 90% 的应税收入进行现金分红,其对个人投资者的分红就是免税的。这意味着仅对投资者一方进行征税,可以避免产生重复征税的问题。为了加强房地产信托投资基金的税收管理,2012 年,新加坡政府规定,房地产信托投资基金企业将应税收入以基金的形式进行分红才能够继续享受税收优惠政策;在分红之前,基金持有人(投资者)仍然可以选择以现金或者基金的形式收到分红。同时,新加坡政府鼓励房产信托投资企业投资于国外资产,并给予税收优惠。

2010 年和 2015 年,新加坡政府两次延长了房产信托投资税收优惠政策的期限,强化了对REITs的税收优惠力度。2010年,新加坡政府继续实行对REITs的所得税、印花税、商品和劳务税的优惠政策,即在所得税方面,对非居民企业投资者投资于房产信托投资基金的收入,减按10%征收所得税。在印花税方面,对于将新加坡非流动资产转换为房产信托投资基金的,免征印花税;对将持有国外非流动资产的新加坡上市公司所发行的股本全部转换为房产信托投资基金的,免征印花税。在货物劳务税方面,允许房产信托投资基金对费用进行进项税申报抵扣。2015年,新加坡政府决定继续延长上述针对房产信托投资基金的税收优惠措施至2020年。

(5)债券市场税收政策。早在1998年,新加坡政府就将发展债券市场作为建设世界级金融中心的主要突破口,并同时对债券市场采取了更多的税收优惠措施促进其发展。由于新加坡没有设置资本利得税,所以凡是用于债券交易的资本所获得的任何利得收入都是免税的。新加坡政府规定债券经纪公司与合格的债券可以享受以下税收优惠政策:一是债券经纪公司在推介、承销和推销债券过程中获得的各项费用收入免税,二是金融机构和企业持有企业债券的利息收入享受10%的优惠税率。2006年,新加坡将发行于2006年2月17日至2008年12月31日的超过一年期的贴现债券纳入债券市场激励计划中,投资者投资于这些债券会享受不同程度的税收优惠政策。若投资者为法人和企业,将对其投资于该项债券的所得收入给予20%的优惠税率;对于非居民投资者,其投资于该项债券的所得收入,可以享受15%的优惠税率。同时,对个人投资于超过一年期的贴现债券市场所获得的收入给予免税。

2008年,根据债券市场的发展变化,新加坡政府扩大了对于债券市场税收优惠的范围,规定在2008年2月16日至2013年12月31日(包含首尾日期)期间,对投资者在如下规定的债券市场上所取得的收入给予免税:一是至少10年期的债券,二是伊斯兰债券。另外,对在2008年2月2日至2013年12月31日期间发行的新加坡政府债券,对其一级交易商交易获得的收入给予免税。

(6)保险市场税收政策。新加坡是亚洲的再保险中心和离岸保险中心,其保险市场体系比较完善,保险公司、再保险公司、保险中介公司及配套附属机构一应俱全。近几年来,新加坡对于保险市场的税收优惠政策也主要集中于再保险业务和离岸保险业务。

2006年2月17日至2011年2月16日,新加坡对保险公司如下收入给予为期10年的免税政策:一是对于经营离岸风险保险得到的收入,二是来源于离岸投资的收入和利润。2008年,新加坡政府规定,对符合资格的直接再保险企业为非新加坡客户提供保险经纪与咨询服务得到的咨询费用和佣金,给予为期10年10%的税率优惠。新加坡在2011年将农业保险业务列入特殊保险业务中,并将离岸特殊保险业务税收优惠适用期限延长至2016年,规定符合条件的保险企业可以对其在离岸特殊保险业务中获得的收入享受为期5年的免税优惠政策,这些离岸特殊保险业务包括恐怖袭击保险、政治保险、能源保险、航空和航天保险以及农业保险。2013年,新加坡政府又将离岸巨灾保险业务列入特殊保险业务中,并享受相应的税收优惠政策。①

(二) 中国香港

1. 自贸区税收政策

中国香港是一个低税率的地区,香港企业所得税实行两级累进税率,对 200 万港元以下的利润按照 8.25% 的低税率,对 200 万港元以上的利润按照 16.5% 的税率。个人所得税实行的是 2%—17% 的超额累进税率,最高税率为 17%。香港《应课税品条例》规定,关税税目只有饮用酒类、烟草、碳氢油和甲醇四类,并且只在进口环节对应课税品进行课征。对于其他的商品、货物与劳务,商品都是不课征税款的,从整个货物劳务税的角度来看,对于规范的四类物品外的其他所有商品以及进口环节外的所有环节都是不征税的。

香港全境实行自由港,没有专门针对自贸区的税收政策,但规定在进入香港的保税仓时对于应课税品无须缴纳税款,并且已缴纳税款又用于出口或者继续加工应税品时可予以退还,但进入保税仓外的香港地区流通时必须缴纳关税。

2. 国际金融中心税收政策

中国香港是继美国纽约和英国伦敦之后的世界第三大金融中心,金融服务业发展繁荣。金融业可以细分为银行、证券、基金、期货、保险、外汇、信托、金融租赁等。其中,银行业是香港金融活动的重心,香港是世界级银行机构枢纽,全球百大银行中逾 70% 在香港营运;证券业方面,香港证券市场是全球最活跃、流动性最高的市场之一;债券市场方面,香港持十分开放的态度,国际投资人可以便利地在香港债市投资,借款人也可以在香港市场发行各种债务工具,近年来发展迅速;保险业方面,香港是亚洲保险业务枢纽,全球二十大保险公司中有 70% 在香港经营保险业务,人均保费处于较高水平;资产管理方面,香港既是亚洲主要基金管理中心和首要私募基金枢纽,又是蓬勃发展的私人银行中心;企业融资方面,香港是全球集资额和总市值最高的股票交易所之一,上市公司与投资者多元化,是亚太区五大最活跃收购人。此外,香港还是世界第五大外汇交易中心和世界最大的黄金市场之一。

近年来,香港在保持和巩固国际金融中心地位的过程中,侧重于将香港发展成全球离岸人民币业务枢纽、亚洲金融科技枢纽、基建投融资中心、企业财资中心、资产管理枢纽,并注重债券市场的发展,致力发展伊斯兰金融、金融基建、零售支付业、财资市场以及场外衍生工具市场。

香港促进国际金融中心建设的税收政策主要有以下几个方面。

(1) 利得税。第一,合格的债务票据产生的利得享受优惠税率。2003 年第 34 号香港《税务条例》规定来自到期期间少于 7 年但不少于 3 年的债务票据的利润,只需按适用的税率的一半征收利得税;来自到期期间不少于 7 年的债务票据的利润则豁免缴付利得税。2011 年第 4 号香港《税务条例》进一步宽减合格债务票据的利得税,规定到期期间少于 3

---

① 王敏,张辉. 新加坡金融业税收优惠政策及其借鉴[J]. 国际税收,2015(11):10 - 13.

年的合格的短期债务票据的利息和交易利润亦可享受利得税税率减半征收的优惠待遇。同时,对面向香港公众发行的税收意义上的合格债务票据的发行条件也有所放宽。

第二,合格的再保险业务及专属自保保险的离岸业务利得享受优惠税率。2014年第3号香港《税务条例》规定,企业以专业再保险人身份得自离岸风险再保险业务的应评税利润,或以获授权专属自保保险人身份得自离岸风险保险业务的应评税利润的税率减半。

第三,合资格企业财资中心享受税收优惠政策。2016年第2号香港《税务条例》规定,容许企业在符合指明条件下,在计算利得税时从应评税利润中扣减经营集团内部融资业务的利息支出,同时为合资格企业财资中心指明财资业务的利润,宽减利得税税率至8.25%。

第四,离岸基金利得税豁免政策。2006年第4号香港《税务条例》豁免了离岸基金从指明交易所得的利润的利得税。2015年第13号香港《税务条例》将适用于离岸基金的利得税豁免延伸至离岸私募基金。

第五,人民币国债利息或利润免税。《豁免利得税(人民币国债)令》(2009年第246号法律公告)规定,任何人就人民币国债收取的利息或利润可豁免利得税。

(2)印花税。2000年第70号香港《税务条例》规定,在基金单位转让交易中,如强制性公积金计划的成分基金为转让的一方,有关的转让文书在单位发出或赎回时,豁免征收印花税。2000年第22号香港《税务条例》规定香港证券交易的印花税税率由0.25%调低至0.225%(买卖双方各付0.1125%)。2001年第22号香港《税务条例》规定每宗股票交易的印花税税率由0.225%减至0.2%。2003年第34号香港《税务条例》规定,单位信托计划下间接分配及赎回单位时,可获豁免缴交5元定额印花税。2015年第4号香港《税务条例》全面宽免交易所买卖基金股份或单位转让的印花税。

(3)薪俸税。《豁免利得税(国际金融公司)令》(2007年第101号法律公告)规定,豁免受雇于国际金融公司或在该公司担任职位的中国公民和香港永久性居民,使其无须从国际金融公司所得的入息缴付应征收的薪俸税。

(三)美国纽约

1. 自贸区税收政策

(1)关税。为了维持美国对外贸易区的平稳运行并发挥其优势,美国对外贸易委员会规定各个对外贸易区都可以采取一定的税收优惠政策,以支持对外贸易区的运营。美国对外贸易区提供的税收优惠政策主要包括倒置关税、延迟关税和豁免关税三个方面。

倒置关税政策:在所有的对外贸易区收益中,企业得益最多的是倒置关税情况下的关税减让,对外贸易区给企业带来的资金节省一半以上是通过这项措施取得的。[①] 所谓

[①] 上海财经大学自贸区发展研究院,上海发展研究院.世界100个自由贸易区概览[M].上海:上海财经大学出版社,2013.

倒置关税是指对国外原材料征收的关税率高于进口成品的税率。在存在倒置关税的情况下,原材料从国外进入美国对外贸易区不需要缴纳进口关税,企业在对外贸易区内组装或生产商品,只需要负担较低的出口产成品关税。①而加工制造耗用的劳务、毁损的劳务、未能出售的原材料和生产的残渣,相当于享受到关税的免除。由于适用于进口部件和适用于成品的关税水平不同,对外贸易区内的企业通常可以选择进口关税相对较低的税率,作为产品进入美国境内时应缴纳的税率,从而减少应缴税款。

延迟关税政策:进口商品进入美国对外贸易区内,仍然处于库存状态,在进入关境之前无须缴纳关税;②进入美国对外贸易区内的进口生产设备,在组装、安装、测试并投入使用之前无须缴纳关税。总之,海关关税只在货物从贸易区转移到美国境内消费时才征收,可以节约现金流。

豁免关税:在美国对外贸易区豁免关税政策下,进口到对外贸易区、再出口到境外的商品以及在区内报废或销毁的货物免征关税;进口到贸易区并最终在贸易区内消费、报废和销毁的货物也免征关税。例如,已损坏的物品件数可以从装运的件数中减除。另外,在有些州,存放在贸易区内和从贸易区再出口的货物可以不需要缴纳动产税。③

此外,美国对外贸易区的税收优惠种类多样,主要包括避免出口退税手续等,避免出口退税手续使企业可以省去先缴税再退税的环节,消除了关税返还,即不是返还再出口货物在进口时缴纳的关税,而是直接将这部分资金留存在企业中作为营运资本。

(2)企业所得税。为了鼓励投资和就业,纽约针对州企业所得税设置了税收抵免政策。

税收抵免政策是允许对一定比例的所得税进行抵扣。该抵免可以在10年内获取,且可能将公司的税收责任减少到零。正如以下具体措施所示:一是根据纽约州国内和国际销售公司法(Domestic International Sales Corporation,简称DISC),DISC制造公司的股东可以获得高达35%的税收减免;二是用于机器、设备和建筑上的投资,可以有4%的抵免;三是用于污染控制的设施投资,可以享有双倍折旧和税收抵免;四是对公司的州内重新布局给予减税和其他激励措施等。④

如果企业雇工不断增加,在其投资时还可以申请雇工激励抵免,抵免数额可以达到投资税减免数额的30%,申请时间为投资减免税申请提出后的3年之内。

区内企业为特殊使用目的而投资到应计折旧财产和设备上时,可以获得投资税减免。符合资格的投资可以获得10%(个人所得纳税人为8%)的税收减免,未使用减免可以不

---

① 罗雨泽.美国对外贸易区建设现状及启示[N].中国经济时报,2013.
② 周阳.美国对外贸易区制度[EB/OL]. https://www.xzbu.com/2/view-536299.htm.
③ 上海财经大学自贸区发展研究院,上海发展研究院.世界100个自由贸易区概览[M].上海:上海财经大学出版社,2013.
④ 王旭.美国外贸区税制经验与结构解析[J].会计与经济研究,2015(5):119-126.

限期地结转使用。①

公司所得税纳税人进行符合要求的、限定性的区内经营投资，或者向经批准的社区发展项目进行捐助，则可以获得一项达25%的外贸区资本抵免。

雇用全日制或等同于全日制职工的区内企业，可以在连续5年内申请工资所得税抵免。对那些属于特殊目标群体的职工，该抵免每年可达3 000美元。如果是新雇用职工，还会有一笔年1 500美元的额外抵免。②剩余未使用的税收抵免可以不限期地向前结转，在缴纳税款时抵免使用。

2. 国际金融中心税收政策

美国对金融行业不征收增值税，仅征收企业所得税。在纽约，金融行业的企业所得税政策基本与其他企业一致，享受联邦和州政府的有关税收优惠政策。

（四）阿联酋迪拜

1. 自贸区税收政策

阿联酋迪拜实行低税负制度。迪拜的低税负主要体现在三个方面：其一是税种少。目前迪拜只存在社会保障税、海关关税、销售税、市政税和企业所得税五类税，其中海关关税和企业所得税中的外资银行所得税是其主体税种。③其二是征税范围窄。迪拜的社会保障税仅针对具有阿联酋公民身份的迪拜居民，这类居民在迪拜总人口中的比例不到15%。此外，迪拜的销售税仅局限于酒类，企业所得税也只针对外资银行和石油企业这两类。其三是税率低。迪拜税率的众数是5%，除了石油企业所得税实行55%的畸高税率以外，基本比较温和。具体的税制结构参见表1-7。

表1-7 迪拜的现行税制结构

序号	税种		税率	附注说明
1	销售税（酒类）		30%	主要针对酒类
2	市政税	物业租金税	5%，10%	居住性物业租赁5%，经营性物业租赁10%
		酒店餐饮税	5%	针对酒店服务和娱乐
3	企业所得税（两类）		55%，20%	石油企业55%，外资银行20%
4	社会保障税		5%	只针对具有阿联酋公民身份的迪拜居民
5	海关关税		5%*	一般税率为5%，奢侈品10%，酒类50%，烟草100%

资料来源：迪拜政府网，https://www.dubai.ae。

目前，迪拜拥有杰贝·阿里自贸区和阿联酋迪拜机场自贸区等多个自由贸易区，其税收政策主要有以下三种。

---

① 王旭. 美国外贸区税制经验与结构解析[J]. 会计与经济研究，2015(5)：119-126.
② 王旭. 美国外贸区税制经验与结构解析[J]. 会计与经济研究，2015(5)：119-126.
③ 曾祥坤，赵福军，韩兵. 迪拜"低税负与高收费、高租金、国家利润"的运营模式[EB/OL]. [2014-11-28]. http://www.drc.gov.cn/dwjjyjb/20141128/156-656-2884999.htm.

一是关税。货物可以自由进出港,货物在区内存储、贸易、加工制造均不征收进口环节关税;进区企业其生产所需要的机器、设备、零件和必需品一律免征关税。[1]

二是个人所得税与企业所得税。迪拜自贸区内无个人所得税与企业所得税。[2]

三是其他。符合相关法规(工业组织法案)规定的工业项目可以享受一系列的优惠政策,包括全部税种免税5年等。迪拜的自贸区还设置了各自的税收优惠,如迪拜外包城就提供了50年100%的免税环境。[3]

2. 国际金融中心税收政策

迪拜国际金融中心是世界上最新的国际金融中心,目标是向美国纽约、英国伦敦、中国香港靠齐。[4] 迪拜国际金融中心凭借其独特的战略位置、独立的监管体系、普通法系司法体制、世界一流的基础设施以及优惠的税收制度,为落户其中的众多企业提供了空前的发展机遇。

迪拜并不征收增值税和个人所得税,仅对外资银行征收20%企业所得税,金融业税负非常小,在迪拜的金融企业承担的税负也非常小,有力地促进了迪拜国际金融中心的建设。

(五)英国伦敦

1. 自贸区税收政策

英国个人所得税实行的是基本税率20%、高税率40%和附加税率45%的三级超额累进税率,在发达国家中处于较高水平。然而,英国企业所得税税率为19%,在发达国家处于较低水平。英国增值税对大多数商品适用20%的标准税率;对部分商品适用5%的低税率,如儿童汽车座椅和家用能源等;对少数商品实行零税率,如大部分食品和儿童服装;同时还有部分商品免税。英国关税税目表以列举方式呈现,几乎列举了所有商品。[5]

伦敦自贸区的税收政策很少,最为主要的是境内关外的政策,即允许全部或绝大部分外国商品豁免关税进出,外国商品可在自由港内不付关税进行储存、包装、分拣、加工和销售。[6] 货物从自由区内进入欧盟市场前或在自由区内被消费前,可不缴纳关税、进口增值税。大多数货物可在自由区内无限期存放。

2. 国际金融中心税收政策

在企业所得税(公司税)方面,伦敦允许外国金融集团所属任何英国公司之间申报损

---

[1] 大企业税收评论.【境外投资指引】投资阿联酋,如何结合税收因素选择最佳投资方式?奥秘都在这里! [EB/OL]. [2017-07-31]. http://dy.163.com/v2/article/detail/CQLILKR50519C6E8.html.

[2] 珠海横琴新区片区官网.阿联酋迪拜自贸区[EB/OL]. [2015-01-25]. http://www.hengqin.gov.cn/ftz/sjzm/201501/d8a2af3549414daeacb6a1265e0d8bbc.shtml.

[3] 曾祥坤,赵福军,韩兵.迪拜"低税负与高收费、高租金、国家利润"的运营模式[EB/OL]. [2014-11-28]. http://www.drc.gov.cn/dwjjyjb/20141128/156-656-2884999.htm.

[4] DIFC.迪拜国际金融中心介绍[EB/OL]. https://www.difc.ae.

[5] 英国政府官网.贸易关税目录[EB/OL]. https://www.trade-tariff.service.gov.uk/trade-tariff/a-z-index/a.

[6] 上海财经大学自贸区发展研究院,上海发展研究院.世界100个自由贸易区概览[M].上海:上海财经大学出版社,2013.

失,目的是获得集团或联合企业减税待遇。在资本收益方面,伦敦实行减税措施,具体包括:(1)资本资产可以在任何英国金融机构,或外国金融集团所属驻英分支机构之间任意转让,无须纳税。(2)政府考虑实行一项新的迟延减税措施,对交易公司出售30%以上股份的资本收益实行减税。同时,其他大规模股票投资或商业资产投资也将获得减税待遇。(3)公司税分期缴纳付款不足时,金融机构负担的利率也由原先的高于基本利率2个百分点下调到高于基本利率1个百分点。其他重大改革还有提议对双重征税抵免体系进行重大改革,对外资分支机构在国外享有的减税待遇实行限制。(4)凡隶属同一关系金融机构的两家公司,课税前可将两者盈亏相抵以减轻赋税。集团优惠措施适用于金融集团持股在75%以上,且设立于英国境内的公司,即使该集团仅为外资在英国的子公司亦可享受此优惠。(5)投资者可享受资金抵扣的赋税优惠措施,包括与贸易有关的研究和开发费用及在企业特区内商用厂房等经费开支均可享受100%的抵扣额。对于工厂及机器设备的投资每年亦有25%的抵扣额,设于企业特区以外的工业厂房则有4%的抵扣额。

英国整体无汇兑管制,对汇出的利润并无限制。为避免双重征税,英国根据不同的国家已制定出多达百种的课税协定。为鼓励金融机构的发展,英国政府采取了税贴的税收政策。税贴是英国政府对企业支出的免税补贴,也是英国政府引导投资、支持高新技术产业发展的重要手段。

目前,与金融企业相关的税贴有以下四种类型。

一是研究与开发。建筑物、仪器设备及日常开支等,采用100%税贴扣除。

二是知识产权支出。为计税资本的计算机软件开发费,按25%税贴率逐年余额扣除;专利、技术诀窍、商标、期刊名及版权开发费,按100%税贴扣除;1 500万英镑以下的英国电影制片费,按100%税贴扣除,其他英国电影,分3年税贴扣除。

三是购买知识产权支出。专利、产业技术和计算机软件,按25%税贴率逐年余额扣除,软件支出、经营特权、动植物繁育权、配额等,通常不减税,对于版权一般分期赋税。

四是金融业固定资产支出。用于贸易目的的机器及工厂支出,按不同的税贴率扣除,一般大企业按25%税贴率逐年余额扣除,中小企业按40%税贴率逐年余额扣除,建筑物按4%税贴率逐年余额扣除。工业园区(经济衰退地区)金融业资产支出,按100%税贴扣除并免营业税。

三、上海与国际五大自贸区税收政策的比较

(一)各自贸区税负比较

从税收制度的角度来看,阿联酋迪拜自贸区的税收负担无疑是五大自贸区中最小的,既无企业所得税,又无个人所得税,销售税只针对酒类征税,同时在自贸区内还实行境内

关外的关税政策,使得很多企业在迪拜自贸区实现了无税负运行。

除迪拜外,企业所得税方面税率最低的自贸区可能是新加坡自贸区,新加坡企业所得税的标准税率为17%,要高于中国香港16.5%的企业所得税税率,但新加坡在自贸区内设置了5%~10%的优惠税率,而且只征收经营利得税,不征收资本利得税。同时,为了鼓励新加坡贸易的发展,新加坡还对出口创收的利润设置了特别的税收优惠。上海与四大自贸区的企业所得税税率比较如图1-1所示。

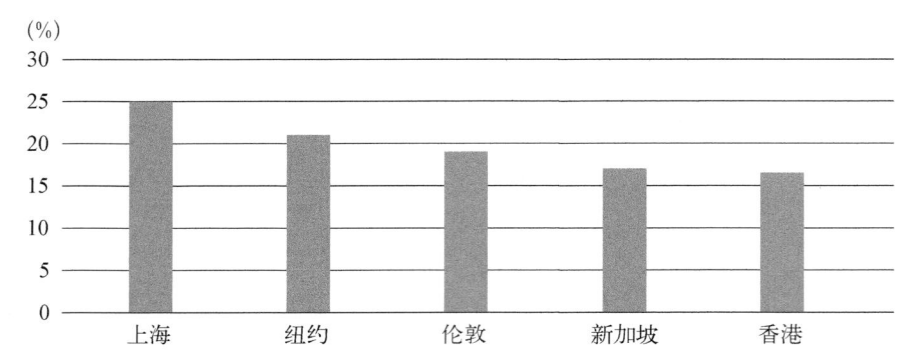

资料来源:根据有关文献及资料综合整理。

图1-1 企业所得税税率比较

在个人所得税方面,各国和地区往往都没有针对自贸区的特殊优惠政策。具体来看,除迪拜之外,个人所得税税率最低的自贸区是中国香港与新加坡。新加坡实行2%—22%的超额累进税率,中国香港实行2%—17%的超额累进税率。从最高边际税率上来看,新加坡略高于中国香港,但考虑到免征额与专项扣除等,其个人所得税税负的比较情况因人而异。个人所得税最高边际税率的比较如图1-2所示。

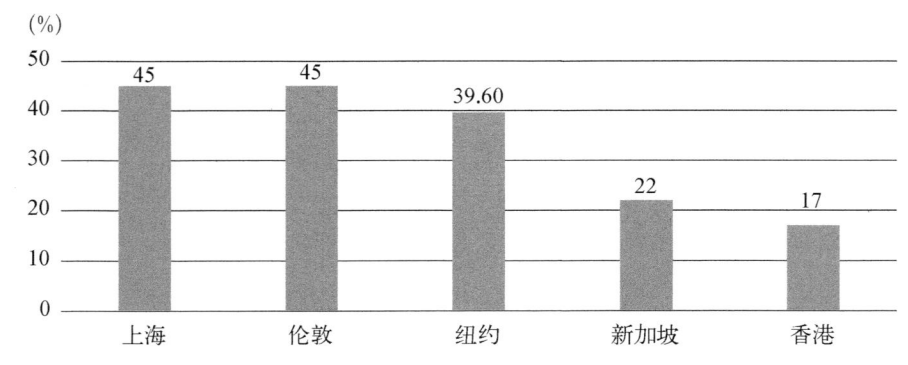

资料来源:根据有关文献及资料综合整理。

图1-2 个人所得税最高边际税率比较

(二)各自贸区与税收优惠

自贸区的形成往往都与税收优惠有关,最典型且最普遍的税收政策为关税与商品税的境内关外政策,这一政策大大方便了贸易的发展,对自贸区的发展起到了基础性的作用。但本报告想要强调的是,除了境内关外的税收政策之外,各自贸区往往还设置了企业所得税的税收优惠来构成税收洼地,这些税收政策往往都与自贸区的定位息息相关。

以阿联酋迪拜自贸区为例,迪拜虽然地处中东,但并没有丰富的石油资源,石油为迪拜贡献的 GDP 占迪拜经济总量的比重有限,贸易和运输等才是迪拜经济的支柱产业。为了吸引更多的贸易公司到迪拜发展,迪拜自贸区基本上实现了无税运行的状况,大大增强了迪拜相对于其他自贸区的竞争力。

新加坡自贸区的发展也同样非常依赖贸易的发展,因此新加坡税制针对贸易企业的利润设置了特殊的优惠政策,如工业产品出口额在 1 000 万新元以上、非工业产品出口额在 2 000 万新元以上的出口创收利润可以免交所得税。服务出口奖励的范围包括工程技术咨询、工业设计、出版、教育、医疗、金融等服务业。出口创收利润可以减征所得税 90%;根据不同企业的情况,减征期一般为 5~10 年;减税期满后,还可以享受 10%~15% 的减税待遇。除此之外,新加坡针对自贸区还设置了较低的企业所得税优惠税率,新加坡的企业所得税税率为 17%,自贸区内的企业所得税税率仅为 5%~10%,而且只征收经营利得税,不征收资本利得税。

美国纽约自贸区的定位是货物中转、自由贸易,并注意发展制造业、加工服务业。纽约自贸区为了吸引企业到自贸区投资,设置了大量的税收抵免条款,包括投资抵免和就业抵免等。这些税收政策使得企业在自贸区内的投资成本大大降低,促进了纽约自贸区的发展。

值得注意的是,除了境内关外的政策之外,中国香港自贸区与英国伦敦自贸区基本上都未设置特有的税收政策洼地。但必须强调的是,香港自贸区地域面积小,整个区域的税负水平很低,因此不需要设置相应的政策洼地也能具有很大的吸引力;而伦敦自贸区的主要定位是航运服务,其对企业所得税政策洼地的要求同样不高。

四、上海自贸区与国际金融中心税收政策上存在的问题

(一)出口金融服务增值税征税增加了上海的贸易成本

由于上海增值税政策不一致导致进出口贸易企业从境内购买跨境金融服务的成本在进行贸易时含有增值税,增加了贸易成本,不利于上海自贸区的发展。以贷款服务为例,境内企业购买境内贷款服务需要按照 6% 的税率支付增值税款,并且无法取得增值税专用发票以抵扣进项税额,这就增加了境内企业的贸易成本。而位于五大金融中心的贸易企业由于不需要缴纳金融服务的增值税,又因增值税免税或零税率,其贸易成本低于上海。

从五大金融中心来看,香港、纽约均不征收增值税,而迪拜免征增值税,因此仅有新加坡、伦敦与上海一样存在实质上的增值税制度,但新加坡、伦敦对出口金融服务免征增值税或实行零税率。上海出口金融服务的税率对比如图1-3所示。

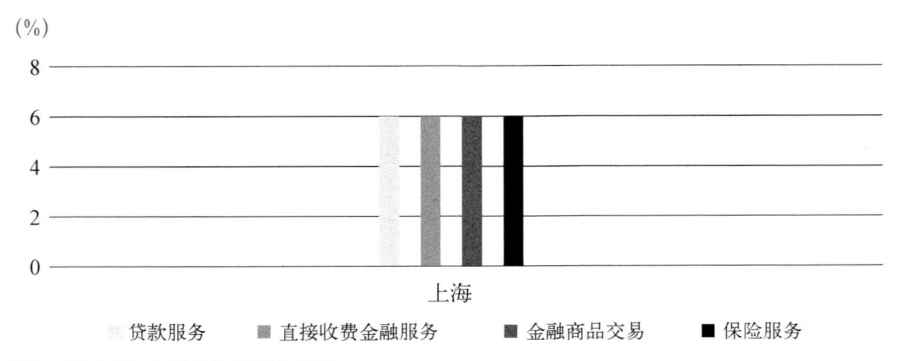

资料来源:根据有关文献及资料综合整理。

图1-3 上海出口金融服务增值税率比较

(二) 企业在境外从事贸易业务采购上海金融服务的增值税成本高

由于我国跨境金融服务普遍征税,使得我国跨境金融服务出口企业出口的服务价格处于劣势地位,在金融服务同质化和其他国际金融中心提供的服务质量较优的情况下,我国跨境金融服务的国际市场竞争力较低。

以贷款服务为例,有些国际金融中心普遍对金融服务出口实行零税率,对境内企业提供服务免征增值税,有些国际金融中心不征收增值税,如纽约、迪拜等。因此,不管是境内企业还是境外企业,在境外从事贸易业务需要金融服务时更倾向于从其他金融中心采购金融服务,而不倾向于从上海采购金融服务。

即使是境内企业,也会通过税务筹划规避国内跨境金融服务的增值税成本。例如,境内企业可以将一笔跨境贸易业务拆分为国内和国际两段,并且只对国内段所需要的金融服务从上海采购,而对国际段所需要的金融服务从其他金融中心采购。

(三) 金融机构在上海注册会增加增值税成本

正如上文所述,香港、迪拜以及纽约不征收增值税,而伦敦和新加坡对跨境金融服务实行零税率或免税。因此,国际金融企业若将机构注册在上海,虽然能方便为中国境内的资金需求提供服务,但却降低了这些机构在国际金融业务方面的吸引力。若国际金融企业在五大金融中心注册,就不影响这些机构吸引国际业务,而且国际金融企业注册在五大金融中心与注册在上海相比,仅从增值税成本来看是一样的。因此,国际金融企业不在上海注册并不影响其中国业务的开展。从上海与五大金融中心的出口金融服务整体税负比较上看,上海自贸区的整体税负要高于五大金融中心。综合情况(除迪拜外)比较如图1-4所示。

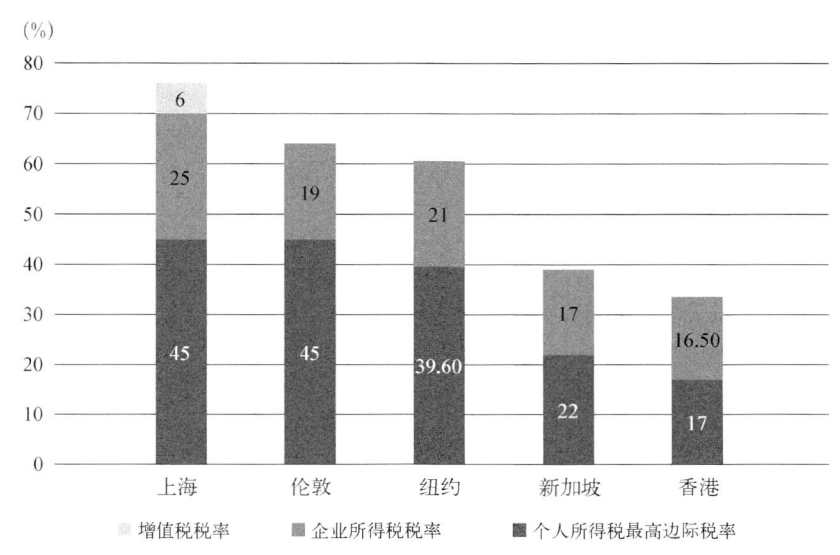

图 1-4 上海与四大金融中心整体税负综合比较

资料来源：根据有关文献及资料综合整理。

（四）现行跨境金融服务绝大部分征税且与进出口贸易业务增值税政策不匹配

1. 现行出口跨境金融服务增值税征税

根据增值税暂行条例规定，一般跨境金融服务销售方或购买方是境内单位或个人的均应按照规定税率缴纳增值税，只要有一方是境内单位均应征税。仅有两种特殊情况无须缴纳增值税：一种是境外单位或个人向境内单位或个人提供的完全在境外发生的金融服务，另一种是境内单位向境外单位之间提供的与境内的货物、无形资产和不动产无关的资金融通和直接收费金融服务。前者不属于增值税征税范围，后者增值税免税。由于我国跨境贸易服务一般都是销售方或者购买方有一方在境外，因此与贸易相关的金融服务一般都要征收增值税。

2. 进出口货物劳务贸易实行退（免）税

依据现有政策规定，进出口货物根据贸易性质与企业性质不同，实行出口退（免）税政策，只有特殊规定的一些贸易实行出口征税。在自贸区与保税区的企业，其进出口贸易实行进口保税政策，原材料进口加工环节暂不征收增值税。

由上述分析可知，我国现行跨境金融服务与进出口贸易业务增值税政策不匹配，进出口贸易退（免）税政策与金融服务征税政策导致了贸易成本的增加。

五、上海区域性税收政策改革建议

（一）消除金融业重复征税

金融业与其他行业比较，最大差别是在全面实施营改增后（同样实施增值税前提下),金融业以外其他所有行业(个别生活性服务业例外)均依据增值税基本制度要求,其进项增值税允许抵扣,销项增值税亦可开具增值税专用发票为下游企业抵扣,从而形成完整增值税抵扣链,以消除重复征税。唯有金融业中的银行贷款和金融商品转让,不允许开具增值税专用发票作为下游抵扣,从而割断了金融业与下游其他行业之间增值税抵扣链,导致重复征税。这不但直接加重了金融业税收负担,也间接加重了下游其他产业税收负担,从而最终加重了产业链税收负担。如今消除重复征税已成为我国金融业发展的内在要求和必然趋势,有必要允许对金融业中的银行和金融商品转让开具增值税专用发票,以形成完整金融服务增值税抵扣链,消除金融业重复征税,减轻金融业税收负担。

(二)实施跨境金融服务出口免税或零税率

进口征税、出口免税或退税是进出口贸易的基本税收政策制度,对于货物贸易如此,服务贸易也同样如此,主要是为了避免跨境贸易进出口国重复征税。我国在出口货物方面积攒了较为丰富的经验,但服务贸易领域的出口退税滞后。经济合作与发展组织(OECD)制定的《国际增值税及货物劳务税指南》在服务商品征收地界定方面提出了三条基本规则:第一,增值税在服务消费所在地征收;第二,在企业间服务贸易中,一般将客户所在地确认为服务的消费地;第三,一般通过商务协议确认一项交易的供应商和客户。国际上服务贸易出口退税制度比较健全的国家,无论是实施传统增值税的欧盟还是现代增值税的澳大利亚和新西兰,均对跨境服务贸易采用目的地或消费地原则征收增值税。也就是说除个别服务在实际发生地征收增值税的,极大部分跨境服务实行目的地或消费地征税,对进口服务征收增值税,对出口服务实行零税率或免税。我国目前金融业出口退税制度尚不健全,有必要引入服务贸易进口征税、出口免税或零税率政策以推动我国服务贸易发展。

(三)自贸区内全面实行"境内关外"政策以统一税境区域

自由贸易试验区既是"境内关外"海关特殊监管区,又是领域开放、改革突破、管理创新试验园区。在自贸区内,对于货物贸易根据"境内关外"政策,由境外进入自贸区货物不征收关税和增值税,进口货物在自贸区加工出口也不征收出口关税和增值税;只有当自贸区进口或加工货物进入境内非海关特殊监管区,才征收进口关税和增值税。在自贸区内,对于金融等服务贸易没有实施"境内关外"政策,而是实施与非自贸区同样的政策,即境内征税,境外不征税。这种情况下,自贸区或自由港无论是从境内关外,还是从改革突破、管理创新上出发,皆可先行先试服务贸易"境内关外"政策,即对于提供境外服务、进口服务和出口服务这三类服务采取的政策是境外金融服务不纳入征税范围,出口金融服务实施免税或零税率,而对于由境外向自贸区内企业提供进口金融服务免税,或者是对境内自贸区金融企业在自贸区内提供金融服务免税。进口服务征税由境外扩大到自贸区,或自贸区内金融机构为区内企业提供服务由征税改为免税,这样可降低自贸区内企业税收成本、促进自贸区跨境金融服务发展。由此可说是将国际上对金融业免征增值税政策在自贸区先行先试。

（四）完善金融商品转让增值税政策

金融商品转让业务主要目的是投资和避险而非消费，可参照国际通行办法实践，对金融商品转让实行不征收增值税。如果不得不征，可以允许金融机构按照增值税进项抵扣的精神将本年度的负差带入下一年度。如果不能带入下一年度，为了公平税负和避免扭曲业务，建议延续原营业税时期的年度汇总计算和退税的条款，即金融企业买入的金融商品（包括外汇、有价证券、非货物期货及其他金融商品）可在同会计年度末，将不同纳税期出现的正差和负差按同会计年度汇总的方式计算并缴纳营业税；如果汇总计算应缴的营业税税额小于本年已缴纳的营业税税额，可以向税务机关申请办理退税。

（五）短期内可以考虑先对贸易相关的金融服务实行免税

上文所述自贸区与国际金融中心发展中的问题都是由增值税的跨境金融征税所导致的，但若对跨境金融服务完全免税或零税率有可能产生税基流失的风险。因此，现阶段我国只对货物出口贸易相关的保险服务实行免税，而对其他金融服务仍然征收增值税。本报告建议在短期内可以采取先对与国际贸易相关的国际金融服务免税的办法，以此减轻增值税制度障碍对上海自贸区发展的抑制作用。这一政策可以先在上海自贸区试点，对风险进行评估后再向全国推行，借此破除增值税的制度障碍。

在基本实现跨境金融服务免税后，待时机成熟，可以考虑试行与进出口贸易配套的跨境金融服务零税率政策。在出口跨境金融服务免税政策下，由于金融企业已支付的增值税进项税额无法抵扣，导致出口的跨境金融服务仍是以包含之前环节缴纳的增值税进入国际市场，并且相对于货物劳务出口贸易的出口退免税而言仍然存在含税出口的问题，等同于出口贸易企业负担了部分税款，从而造成出口成本增加。与免税相比，金融服务零税率政策是真正意义上的不含税政策，在出口金融服务时不仅对出口环节免增值税，而且将金融企业之前已支付并负担的增值税税款进行退税，从而真正实现了金融服务不含增值税进入国际市场。跨境金融服务零税率的实施，不仅可以促进出口贸易企业完全避免使用现金流支付税款，进一步释放境内进出口贸易企业对上海跨境金融服务的需求，而且为金融服务零税率实施后带来的跨境金融服务成本提供支撑，进一步吸引提升境外企业对于上海国际金融中心所提供的金融服务的需求，从而增强上海自贸区的国际市场竞争力。

参考文献

[1] 上海市人民政府发展研究中心开放形势分析课题组. 2017年上海开放形势分析报告[J]. 科学发展, 2018(1): 52-60.

[2] 上海金融业联合会, 浦东新区金融服务局. 上海自贸区跨境金融服务模式创新研究报告[R]. 2017.

[3] 裴光. 发挥上海国际保险中心作用[J]. 中国金融,2018(5):29-31.

[4] 郑杨. 努力建设新时代的国际金融中心[J]. 中国金融,2017(22):47-49.

[5] 金鹏辉. 推进上海国际金融中心建设[J]. 中国金融,2017(24):22-25.

[6] 李强. 金融机构税负水平对上海国际金融中心建设的影响[J]. 科学·经济·社会,2013(1):59-63.

[7] 白玉,樊丽明. 国际金融中心建设的税收政策比较研究——国际金融中心形成模式视角的分析[J]. 税务研究,2017(6):63-69.

[8] 樊丽明,葛玉御. 上海国际金融中心建设的金融业税负与政策研究[J]. 金融发展研究,2016(4):3-11.

[9] 傅锐. 完善税收政策 提升我国服务贸易的国际竞争力[J]. 北方经贸,2015(4):13.

[10] 李羡於. 跨境服务增值税征收地确认规则的国际发展趋势及我国的选择[J]. 中国注册会计师,2016(8):115-119.

[11] 潘文轩. 提升开放型经济水平的税收政策选择[J]. 开放导报,2015(5):41-43.

[12] 周小川. 推进资本项目可兑换的概念与内容——在2012年12月三亚财经国际论坛上的讲话[J]. 中国外汇,2018(1):8-15.

[13] 孟刚. "一带一路"开放新格局中我国资本项目开放的路径选择[J]. 武汉金融,2018(4):50-54+76.

[14] 郭树清. 中国资本市场开放和人民币资本项目可兑换[J]. 金融监管研究,2012(6):5-21.

[15] 曾杨欢,余鹏峰. 中国自贸区金融创新的税法规制[J]. 时代法学,2017(6):48-55.

[16] 程子建. 跨境服务增值税征收的国际协调[J]. 国际经济合作,2012(2):37-40.

[17] 许多奇. 税收激励、税收中性、税收法治与国际金融中心建设[J]. 青海社会科学,2017(3):67-73.

金融创新助力"上海制造"的转型升级

◎ 张晓莉[①]

摘要：为了实现上海制造业的振兴，在依靠创新驱动、科技驱动的基础上，利用上海金融业独有的优势和强大的创新引领能力助力制造业转型升级，这已经成为一个现实的问题。本报告首先通过研究美国、日本、德国等制造业强国的发展历程，以及金融创新在这些国家各自发展中所起到的作用，总结发展经验。其次结合国内城市（如深圳、杭州和北京等）金融创新助力制造业的发展经验，在了解上海制造业发展现状的基础上，分别从政策、银行业、保险业、证券业四个角度研究金融创新助力"上海制造"转型升级的途径。最后根据上海制造业现状以及金融创新对制造业的影响路径，提出金融创新助力"上海制造"转型升级的对策与建议：以"扩大开放100条"之金融举措为基础，营造良好氛围；抓住转型升级下的突破口，进一步拓展"FT账户"功能，降低企业融资成本；利用金融科技的发展促进制造业"弯道超车"。

关键词：金融创新；上海制造；金融科技；FT账户

一、绪　　论

（一）研究背景

中共十九大报告指出，要加快发展先进制造业以促进制造业强国的建设，推动大数据、人工智能和实体经济深度融合，在中高端消费、创新引领、共享经济、现代供应链等领域培育新增长点、形成新动能。在实体经济需要转型升级之际，金融机构优化业务方向和效率变得至关重要。人民银行、工业和信息化部、银监会、证监会、保监会联合印发了《关于金融支持制造强国建设的指导意见》，高度重视金融和服务对制造业的支撑，聚焦制造业发展的难点痛点，提出了一系列金融支持方式细则。上海作为国际经济、金融、贸易和航运中心，应充分发挥金融创新支持先进制造业转型升级的作用。上海市人民政府高度关注这一问题，印发了《关于创新驱动发展巩固提升实体经济能级的若干意见》，提出强

---

① 张晓莉，上海对外经贸大学国际经贸学院教授，上海财经大学上海国际金融中心研究院客座研究员。

化金融要素支持,主动适应特大城市资源要素紧约束新常态,破除瓶颈制约,防止资源、资金、资产"脱实转虚",助力"上海制造"。

根据《全球智能制造发展指数报告(2017)》的分级①,美国、日本和德国为第一梯队,属于智能制造发展的"引领型"国家;中国与其他8个国家为第二梯队,属于"先进型"国家。美国的"再工业化"战略、德国"工业4.0"战略与日本的制造业白皮书均为各自先进制造业的发展提供了有力保障,推动了各自制造业的转型升级。中国装备制造业在全球价值链地位指数为0.66,与日本的2.43、德国的1.58和美国的1.42相比,仍存在较大差距,制造业发展水平低于美国、德国和日本,综合竞争力不足,并受到内外双重压力,产品质量亟待提高。随着制造业成本优势削弱后,低端制造业向越南和印度等国家转移,为先进制造业提供了发展空间。与此同时,"一带一路"倡议加强了中国与沿线国家的先进制造业合作,扩大了销售市场,上海自由贸易区(港)也为先进制造业的发展提供了税收、人才、技术和融资等便利,积极为先进制造业发展创造平台。先进制造业快速发展需要大量的资金支持,但是目前为止,上海先进制造业企业仍存在内源融资能力不足、融资方式单一、资本市场不完善、融资效率低等问题,仅依赖内源融资将很难达成"上海制造"的目标。金融支持是先进制造业快速发展的"助推器",能够有效匹配制造业规模结构,配合"供给侧结构性改革""一带一路"倡议和上海自由贸易区(港)建设,加快先进制造业转型升级,实现"弯道超车"。上海制造业需要对标美国、德国和日本的先进制造业,探究三国先进制造业的发展经验,利用金融助力手段,加快树立"上海制造"品牌,促进先进制造业的发展。为此,研究金融创新助力"上海制造"转型升级对我国推进"供给侧结构性改革",打造上海经济发展的新引擎具有重大的现实意义。

2018年是改革开放四十周年,同时也是工博会举办二十周年。这一年以"创新、智能、绿色"为主题的第二十届工博会于9月19日在国家会展中心(上海)举行,开幕式上上海市委书记李强指出,按照习近平总书记对上海工作的指示要求,上海正在加快建设"五个中心",全力打响上海"四大品牌",重振"上海制造"。从"头"看到"脚",工博会二十周年见证了"中国制造"发展之路。从"落脚"上看,价格"接地气"的新品走进千家万户,使越来越多价廉物美的工业产品进入普通百姓的生活。新能源汽车是其中的代表,威马汽车创始人沈晖表示,"这是为了创造普通人能够负担得起的高效率的电动汽车"。从"强芯"上看,努力攻关核心技术,弱化短板。"中国制造"大而不强是因为虽然生产组装能力强大,但核心技术不足、关键零部件不过关。围绕这些短板,"中国制造"正在加快"强芯",用机器人替代人力劳动已成为我国制造业的发展趋势。国内机器人领头羊新松总裁曲道奎表示,"要以机器人为入口,推动人工智能技术的落地"。从"上云"上看,制造

---

① 中国经济信息社,中国(常州)智能制造创新研究院.全球智能制造发展指数报告(2017)[R].中国经济信息社,2018.

业"大脑"越来越聪明。当前制造业正向智能制造的方向转型升级,工业互联网是智能制造的有力抓手。推动制造业与互联网深度融合,让生产过程中的数据"上云",可以让制造业越来越智能。从"开眼"上看,中外制造业"朋友圈"变得更加活跃和庞大。中国工博会二十年来已让"朋友圈"不断扩大,参展企业从最初的412家发展到超过2600家,其中海外展区面积已经达到30%,逐步形成"德国汉诺威和中国工博会并驾齐驱"的格局。日本机床制造商山崎马扎克除了参加中国工博会外,还参加了中国首届国际进口博览会,通过展示高端产品以此加深与中国制造业的交流。

近年来中美贸易摩擦升级,美国在《特别301调查报告》中反复提到中国发布的"中国制造2025"等各类国际计划和战略。"中国制造2025""供给侧结构性改革"展示了中国经济的宏伟蓝图。从全球新经济独角兽企业来看,美国和中国加起来占全球的70%多,这展现了中国不输美国的新经济活力。CB Insight 数据统计显示,从2013年至2018年3月,全球共有237家独角兽企业,其中来自美国的共118家,占49.78%;中国紧随其后,共62家,占26.16%。[①] 随着中国制造业快速崛起以及朝高科技领域进军,增加值占全球制造业增加值总额比持续上升,中美产业互补性逐步削弱、竞争性逐步增强。中国经济的崛起使美国经济霸权受到了挑战,中国进军高科技削弱了美国高科技的垄断地位。2018年5月4日美方要价清单显示:中美贸易逆差消减2000亿美元;停止补贴和支持"中国制造2025"等,其中"中国制造2025"三次被提及。美国对中国加征关税的领域都是"中国制造2025"中计划重点发展的航空、新能源汽车、新材料等高科技产业,而非中低端制造业。由此可看出美国贸易保护主义对中国赤裸裸的遏制。

在这样国际形势风云变幻、贸易摩擦此起彼伏、制造业受到重重阻碍的大背景下,加快金融创新助力制造业强国建设显得尤为重要。为了加强金融对制造强国建设的支持和服务,人民银行、工业和信息化部、银监会、证监会、保监会联合印发了《关于金融支持制造强国建设的指导意见》。该意见首次明确提出,加强金融服务,支持制造业,鼓励制造业升级,同时促进制造业在扩大规模的基础上提高质量和效率。作为中国制造业的领导者,上海有着坚实的基础,创造过辉煌的历史,今后应创新发展思路,充分利用互联网、大数据、人工智能等信息技术,加快制造业的转型升级,推动制造业在研发、设计、生产、销售等环节的创新变革,大力发展智能制造,持续打造"上海制造"品牌。

(二) 国内外相关研究

围绕金融助力"上海制造"升级,对现有相关研究集中分析,发现产业转型升级与金融有着密切相关性。学者认为金融发展将促进实体经济的增长,两者相互影响。国外学者 McKinnon(1973)和 Shaw(1973)提出了"金融深化论"和"金融抑制论",他们认为发展中国家政府在经济运行中采取各种干预措施会使得金融市场的机制无法充分发挥,从而

---

① 转引自 CB Insight 恒大研究院数据。

影响金融资源的有效合理配置,不利于金融体系的健康良性发展,造成金融抑制。因此,他们提出发展中国家应放松对金融市场的干预,实行金融自由化政策来推进经济自由运行。Maksimovic 等(1999)从金融深化的角度提出,较高的金融发展程度既可以给企业提供经营所需的外部资金,而且能够让投资者获得包含企业经营现状、战略决策等具体信息,减少坏账风险。Buch 等(2010)从金融市场深化的研究角度指出,金融发展水平的提高在某些程度上可以解决企业面临的信息不对称,改善资金分配的情况,实现金融效率的提升。在金融发展和金融竞争日益增加的进程中,各类金融机构获得和甄别信息的能力得到提高,这可以有效减少金融市场现有的一些信息不对称,促进更多的企业发展。

国内学者陈琳和乔志林(2017)从金融深化的融资规模研究角度认为,金融发展意味着金融规模的扩大基础货币的供给增加,注入更多的流动性可以满足企业的融资需求。一方面,融资规模越大,企业越有可能获得相应的资源进行投资;另一方面,金融规模越大,资金的供给就越多。在需求不变的情况下,利率下降,造成国内资本收益率下降,由此企业到国外去寻找收益更高的项目进行投资时的激励就越高。因此,只有当金融规模达到一定程度时,企业才会有动力进行对外直接投资(杨琳,2002;苏建军和徐璋勇,2014;朱远思,2014)。范方志和张立军(2003)、韦继强(2012)通过计量分析,认为金融发展也将对产业的升级转型产生影响,但林春(2016)、马强和董乡萍(2010)认为这种影响具有地区异质性。刘宁(2014)的研究结果显示,金融发展与产业结构升级两者之间在不同时期具有不同的相关性,短期内金融发展对产业结构升级会产生负面效应,但这种短期内发生的负相关关系能够在长期发展过程中逐步得到修正。在制造业方面,林毅夫等(2003)、王贵全(2004)、史龙祥和马宇(2008)、陈磊(2011)分别从全球制造业、经济规模、出口结构和融资依赖度等角度切入,研究金融对制造业升级的影响作用,得出满足制造业结构融资需求需要有与制造业规模相匹配的金融支持,我国金融发展对大部分资本密集型行业影响比较弱等结论。李洪亚等(2017)研究发现经济增速、政府政策等因素都会对我国企业发展有不同程度的影响。然而,他们也发现社会金融发展程度的提高带来的金融结构的多元化及融资效率的提升也是促进企业投资的一个重要因素。胡兵等(2012)则通过实证来分析,采用融资约束与金融发展的交互项来求证,发现融资约束与金融发展的交互项 Lnrzgm×Lnrate 的系数为正,且在 1% 水平上显著,表明金融发展对企业投资的影响是通过缓解融资约束来实现的,原因在于金融发展程度的提高改善了企业的外部融资条件,从而促进了企业的投资。

首先对金融发展和产业结构升级进行细分,深入研究金融助力制造业的转型升级。国外学者 Hitchen 等(2010)从企业 R&D 研发决策的微观视角考察金融发展对经济增长的影响,他们认为金融发展有助于刺激企业加强技术创新活动,进而推动产业结构升级和经济增长。Rajan 和 Zingales(1998)从金融结构角度研究指出,金融发展可以带来金融产品的创新和多样化的金融衍生工具,为企业提供丰富多样且安全性强、收益符合预期的金融产品,减少企业的融资本钱,进而丰富企业外部融资方式的选择范围。Gurley 和 Shaw (1955)研究并总结了有关金融发展理论,他们的观点是,金融发展表现在社会总金融资产的增加以及各类金融机构的增设,经济发展水平越高,经济增长就会更加依赖于金融发展。Merton(1993)和 Bodie(1993)从金融功能的角度研究金融发展,他们认为尽管金融发展水平存在各种差异,但金融系统服务于经济发展的功能都是相似的。Helpman 等(2004)研究中提出一些国际知名的跨国公司会通过诸如境外发债、境外上市、股权投资等多种方式进行筹集资金,如果企业融资方式相对单一且融资集中度较高,并且局限于自有现金流和各类贷款,将会造成企业无法获得自己想要的资金量。

国内学者余官胜(2017)从金融结构优化的角度发现,金融机构可以通过大数据对企业和个人信用进行评估,以及对企业投资项目进行综合评估。他还发现一旦提高信贷分配的效率,将会促进企业生产经营和技术革新,从而论证了金融发展对于促进企业投资发展的直接效应。孙婷等(2012)将金融发展简单用金融中介的发展衡量,在此基础上区分了中国信贷市场和资本市场。徐清(2015)和方园(2013)认为金融发展是金融规模、金融结构和金融效率的综合,他们采用主成分分析法对变量进行降维和组合,形成了衡量金融发展的四大指标。商庆竹(2013)把金融服务业分为金融发展规模、金融市场竞争度、金融储蓄结构、金融中介效率四个方面。他通过建立 VAR 模型进行实证分析,得出前三者对于天津市制造业的发展有着显著的正向推动作用,而金融中介指标对制造业发展起着负面影响。王彦超(2017)选择社会融资规模(融资总量)来衡量金融发展程度,使用金融相关比率(即金融资产总量与国内生产总值之比),选择"各省市当年的金融机构贷款总额"与"各省市当年国内生产总值"之比来代表金融发展程度的代理变量进行稳健性检验,认为有效的金融发展有助于社会资金的合理优化配置,拓展企业的融资渠道和方式以及增加企业可以获得的融资总量,减少企业所面临的外部融资束缚,进而促进企业的发展。王忠诚等(2017)从企业融资的信用风险角度出发,认为金融发展可以促进企业风险管理的优化,向企业提供多元化的融资渠道;金融产品的创新和多样化的金融衍生工具,为企业提供了丰富多样且安全性强、收益符合预期的金融产品,丰富了企业的外部融资方式的选择范围;通过融资的分散化降低了企业的融资信用风险和其他非系统风险,促进了企业对外直接投资。杨娇辉和王曦(2013)从企业风险保险的视角分析,发现保险对外商投资企业的经营风险具有重要意义,保险市场提供的产品多样化程度和产品设计水平将影响企业运用保险手段管理风险的效果,从而间接影响企业的投资行为。

其次对制造业产业进行细分研究,尤其是装备制造业及其子行业。国外学者 Alvarez 等(2013)和 Lopez 等(2013)选取智利高生产率制造行业的数据进行研究,结果表明,金融发展程度的改善增加了高生产率企业走出去的概率,如在国外有分公司的制造业企业更倾向于外部融资。因此,金融发展与产业发展紧密联系。同样类似的学者 Bellone 等

(2010)使用法国2.5万家制造业企业从1993年到2005年样本数据,得出结论为金融发展舒缓了制造业行业的融资束缚,不仅能够增加企业选择出口概率,还可以减少企业打入境外市场的时间,所以金融发展与行业的发展也紧密联系。Berman(2010)使用孟加拉国、中国、印度等9个发展中新兴经济体的5 000家企业数据,从微观层面的角度证实,金融发展可以影响制造业企业对外直接投资决策,进而促进各国走出去的企业数量增加。Buch等(2010)利用从1994年到2009年美国企业数据微观分析并验证融资束缚对企业参与国际市场与否的影响,结果发现债务比率越高就会显著降低企业投资发展倾向。Manova(2013)则运用30年20个地方层面数据与企业层面数据相结合的双层数据结构,采用金融发展规模,即各省市的社会融资规模数据,用金融资产总量除以国内生产总值作为金融相关比率,来对金融发展与其对外直接投资倾向之间的联系进行实证检验。

国内学者严兵等(2014)使用国内的数据进行研究,提取从1995年到2013年的数据进行分样本检验,并且对金融发展影响不同行业的企业对外直接投资(OFDI)倾向的间接机制进行检验,结果表明:按不同行业分样本显示,对于外部金融敏感的行业有更高的OFDI偏好;同时按企业产业类别划分可以看出,金融发展对各类企业也有不同程度的促进效应,高新企业不受融资约束制约,但是传统制造业对外直接投资的倾向受金融发展程度影响较大。宋智文等(2013)以亚洲国家通信产业为例,利用从2001年到2012年间数据构建面板协整模型,探讨了金融与产业、经济发展的关系,发现金融发展可以显著改善通信产业融资约束,提升其服务水平,进而推动整个产业的结构升级与发展。王伟等(2013)采用中国从1982年到2003年间的数据,通过实证研究了4个维度的金融发展指标(股市交易量比、私人信贷比、股市市值比、股市换手率)对海外直接投资的影响,结果发现不同的金融指标,不管高低都会显著影响一国企业的投资水平。易文斐和丁丹(2007)通过自改革开放以来到加入世界贸易组织(WTO)前的数据,构建"金融自由化指数"来刻画金融资源分配的市场化效率,并验证了中国当前非激进式的金融发展可以帮助舒缓企业面临的外部融资约束,促进一国的企业发展水平。

基于上述文献研究发现:一方面,学者普遍以中国制造业为研究对象,对上海制造研究较少,无法为上海制造提供针对性政策建议;另一方面,学者大多采用金融发展这一宏观指标实证研究金融发展与产业升级的关系,对各影响渠道的分析泛泛而谈,缺乏实际指导意义。本报告不仅研究了金融开放背景下,金融创新如何促进上海制造业转型升级,还结合中美贸易关系,指出上海制造业企业如何利用FT账户的融资便利以应对中美贸易摩擦。

二、国内主要城市金融创新助力制造业发展现状研究

在国内主要城市制造业发展现状方面,本报告将根据各地方统计局数据进行测算,

采用规模以上工业企业增加值、第二产业GDP贡献率、制造业企业数、就业率、制造业出口增长率、政府资金投入等数据,对深圳、杭州和北京制造业发展现状和政策进行研究,找出三座城市有关金融助力制造业发展的经验和现有政策,为上海金融助力制造业发展提供实践依据和参考方案。近五年来,进出口银行在制造业金融支持方面取得了显著的成绩。数据显示,截至2017年8月底,进出口银行支持"中国制造2025"贷款余额6 600多亿元,同比增长超过20%。贷款余额排名前三位的领域分别为电力装备、先进轨道交通装备、海洋工程装备及高技术船舶,这些都是"中国制造2025"重点关注领域。

(一)深圳市金融创新助力制造业发展经验

一是多元化支持金融创新,形成创新友好型的金融支撑体系。经统计,截至2015年,深圳在技术领域的投入遥遥领先于其他国内城市,占国内生产总值的比重高达4%,其中著名的企业如腾讯、大疆等总部都坐落于深圳,更加带动了深圳作为国内科技之都的发展,不断吸引着全国乃至全世界的科研人才。随着深圳不断加大对战略性新兴企业的投入,2016年其对新增有价值投资的企业贷款金额就已高达400亿元,远远领先其他省市。另外在整体层面上,深圳市建立了多层次、宽领域的"基金群",为存在资金困难的企业进行融资,从而更好地保障企业渡过成长期,快速进入市场获取市场份额。尤其在"互联网+"、云计算和大数据产业高速发展的时代背景下,解决企业融资难的问题至关重要。深圳将在现有信息、超材料、生物和新型能源4只国家创业投资基金的基础上,进一步完善前海股权投资母基金的设立,多管齐下,加大对初创型、价值前景优异的公司投入。深圳创新投资集团公布的数据显示,截至2018年8月,该公司总共累计投资项目超过900个,价值高达390亿元,实现上市的企业超过140多家,遍及全球。这使得在技术变革日新月异、第四次技术革命下,深圳可以不断脱胎换骨,引领技术向前发展,做好国内科技城市的领头羊。

二是出台新三板企业的补贴政策扶持中小微企业。深圳市政府多年来一直积极引导培育中小企业的发展,在政府机构内专门设立上市与融资服务部、创新与创业服务部,特别为小型初创型公司提供便捷服务,更快速更精准的把握小微企业发展状况和融资需求。经过多年的不断发展,2016年新增上市公司多达45家,融资额高达834亿元,此外不断加大银行间债券市场发行规模,积极推动创新金融工具的推出,研究针对适应中小企业的融资对接产品并推动实施。2015年深圳证券交易所债券、债券回购累计成交金额高达8 000亿元。同时,深圳市政府积极争取将深圳高新技术产业园区纳入国家代办股份转让系统,并且不断推进区域性场外交易市场的建立。

三是大力发展供应链金融,助力企业多元融资。供应链金融是一种新型解决中小企业贷款难的融资方式,深圳对现有的"1+N"供应链金融发展中存在产品单一、贷款后体系不健全以及风险弱的问题进行了新的探索与实践。例如,深圳怡亚通供应链股份有限公司(简称怡亚通)的"1+N+L"链式金融服务改变了以往由主要企业对供应链上下游企业的简单融资方式,打通了上下游企业与消费者之间的联系。这种在供应链金融上的创新,正是响应了深圳市政府的号召,对初创型企业来说无疑是利好的,对深圳市实体制造企业来说同样能在一定程度上解决其融资难的问题。成立于1997年的怡亚通,就采取了这一新技术与供应链金融相结合的方式,紧密聚合金融机构、物流商和龙头品牌企业,从而形成了有内生性的O2O生态体系。这种新型供应链金融方式值得上海借鉴,尤其在作为国际金融中心的背景下,发展起来也更加健全,可以从产业链上解决一系列企业融资难的问题,促进制造业整体良性发展。

四是加强与地方银监部门联动,增加对小微企业贷款力度。深圳市政府对于银行等金融机构,采取引导其在客户选择和产品创新上进一步向初创型小型企业倾斜,如推出"微笑工程"等项目。同时在初创型小型公司的融资过程中,深圳市政府针对这些企业内从事金融服务的工作人员制定了一系列尽职免责的规章制度,进一步放宽对小型企业的监管。深圳市重点发展计算机通信、电子设备以及区块链的科技型小型企业,推行多项举措助力小型企业健康稳定发展。

五是创新网络融资,全面助力实体经济发展。近年来,工商银行深圳分行通过充分利用大数据、互联网技术等手段推出多款针对解决企业融资需求的金融服务产品。目前工商银行是全国最大的网上融资银行,截至2017年6月,其网上融资额就已达7 000亿元,并且多数审批流程已实现自动化、电子化,大大提升了效率,解决了企业融资困难的问题。

六是完善金融供给结构。随着国家全面深化供给侧结构性改革,单单通过公司层面的发展远远不够,因此深圳市围绕"三去一降一补"目标展开了各项实际政策的落实。从与发达经济体比较来说,我国实体企业的资产负债率并不高,其中规模以上工业企业的负债率已从2013年的58.07%连续下降至2016年的55.8%,且在负债中有近80%的负债由金融机构发放的短期贷款组成,而这正是中国制造业与发达经济体制造业相比,受其约束的地方所在,使得实体制造业受融资约束而难以得到有效的资金缓解,从而形成债务危机。经营过程中一旦资金链断裂,将使得制造业企业不得不走上破产保护,而在全球价值链的发展下,这种破产一旦达到集群式发展,将产生连锁效应,导致实体和金融层面崩溃。因此基于上述隐患,深圳市政府先后出台了"投贷联动""市场化债转股""加大发股上市力度"等各项缓解金融约束的措施,同时对于制造业企业长期公司债券的管制进一步放松,积极引导股权投资基金向制造业企业投资入股,多力并举缓解制造业企业融资约束。2008—2016年深圳工业企业增加值如图2-1所示。

(二)杭州市金融创新助力制造业发展经验

2007—2016年是杭州飞速发展时期,生产总值从4 103亿元增长到11 050亿元。战略性新兴产业、装备制造业、高新技术产业更是呈现直线上升的发展趋势。数据显示,

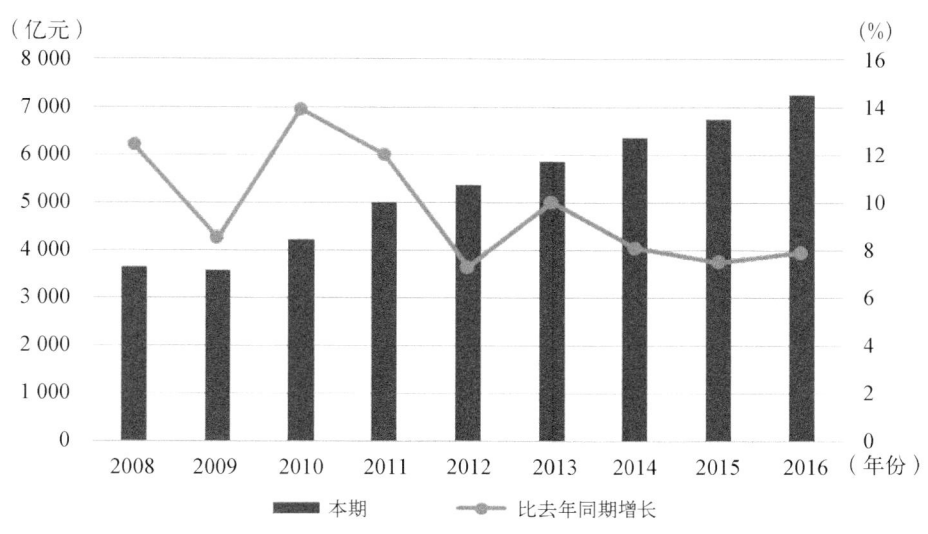

资料来源：根据有关文献及资料综合整理。

图 2-1 2008—2016 年深圳工业企业增加值

2017年12月,杭州战略性新兴产业增加值累计达 979 亿元,同比增加 15%;装备制造业累计达 1 384 亿元,同比增加 11%;高新技术产业达 1 606 亿元,同比增加 13.6%。

一是进一步发展产业金融对接服务。不断完善各级政府对于产业基金的引导对接工作,在政府保障下,推动资本对于传统制造业改造升级试点地区的相关资金支持,进一步引导金融机构对接制造业企业重大技术的研发、投入、产出等环节。杭州市政府不断支持金融机构相继进行金融产品和金融服务等方面的创新,不断扩大制造业生产设备融资租赁等创新融资服务方式。2016年出台的《杭州市金融业发展"十三五"规划》中提到,杭州将以"一湾五镇多点"的新金融空间支撑体系,成为推动钱江私募资金走廊和金融大数据创新发展的前沿阵地,从而更加便利杭州市制造业企业融资和产融对接,推动金融服务创新。根据杭州市人民政府关于印发《杭州市全面改造提升传统制造业实施方案(2017—2020年)的通知》(杭政函〔2017〕171号)规定,截至2017年末,杭州已全面在各区县层面设立政策性融资担保机构。杭州旨在进一步加强制造业实体企业融资转贷支持力度,由于得力于杭州蚂蚁金服和阿里巴巴等大型金融和互联网企业的先进发展,将进一步对实体制造业优质企业在信用评级、信贷准入和利率优惠方面予以重点支持,同时杭州市政府也在不断推进互联网金融的发展。

二是杭州生物医药产业平台"向阳而生"。在杭州金融助力制造业发展中,生物医药产业就是这样一位"幸运儿"。早在18年前,杭州市就提出"新药港"建设,布局生物医药产业。2017年,杭州生物医药产业总值已高达507.9亿元,并且于2018年基本形成"一核三园多点"的生物医药产业布局。在金融支持上,杭州经济开发区设立了规模50亿元的产业母基金,先后引进了海邦、赛伯乐等各类基金及基金管理公司38家,管理资金规模

200亿元以上,设立了1亿元的产业贷款风险池基金,形成了股权、债权、风险补偿等具有区域特色的多层次产业金融体系;余杭开发区2017年给多达28家企业提供了生物医药扶持,61项专利享受到了专利补助政策。在产业合作上,浙江省中以国际医疗健康产业园被批准设立,余杭经济开发区与以色列米超林集团、中国建设银行三方合作基金已正式签约,基金规模30亿元。此外,对于本地及罗湖符合条件的生物医药重点领域企业,杭州市政府将给予总额不超过1 000万元的资助,对于企业新型药物研发到达2期和3期的产品,分别奖励100万元和200万元。对于有特殊重大项目的,杭州市政府将采取"一事一议"的奖励制度推动项目尽快发展落地。相信随着进一步有针对性的产融结合,杭州医药行业将成为杭州市制造业一道新的风景线。

三是创新金融助力方式采用产业投资基金等形式,以促进战略性、常规性、领先型行业加速发展。杭州市政府提出要构建"资本价值型"产业基金模式,将产业基金与产业发展、资本与资本市场结合,通过产业母基金从而发展区域性战略性新兴产业,积极促进其所投资的企业到创业板、中小板、新三板上市或挂牌,同时保障基金有良好的退出通道。另外在产投资金的创新发展上,杭州市金融机构通过采用"母基金+子基金"的方式,以这种专项模式来重点支持特定行业企业的融资需求,通过引导"基金+母基金+子基金"这种基金联动发展方式,借助金融机构、社会等来募集资金从而建立更好的融资体系,最终推动实体制造企业的发展,缓解实体企业的融资需求,解决社会资产的大量剩余问题。

四是金融科技深度融合,助力企业融资。杭州金融生态环境发展状况良好,银行、证券等金融机构整体盈利水平位居全国前列,互联网金融发展优良。由于杭州地处长三角地带,金融互通性更为健全。目前,杭州已形成以银行信贷市场为主,资本、保险、产权和外汇市场等并序发展的格局,整体金融市场发展较为完善,在这样的金融环境中,杭州市政府尤为注重将金融与制造业融合的深度和广度。例如在资本市场,杭州市2018年创业投资机构共投资47起,投资总额为25.47亿元,初创企业平均投资额为0.16亿元,而成熟期企业为0.4亿元。另外,杭州市金融科技领域所拥有的独角兽企业也位居全国前列,2018年51信用卡在港交所上市,蚂蚁金服获得高达140亿美元的F轮融资,爱财集团完成2.2亿美元的C轮融资;2017年除了已经获得B轮和C轮融资的以外,共有20家金融科技企业获得A轮融资,6家获得Pre-A轮天使轮融资。这些金融科技企业的蓬勃发展为杭州市的制造业企业融资提供了更加便捷多元的融资方式。其中,浙江蚂蚁小微金融服务集团有限公司、微贷(杭州)金融信息服务有限公司等入选浙江省信息经济100家重点企业的金融科技企业名单。

五是创新绿色融资产品。发展绿色金融是实现国家绿色发展的重要措施,是推动金融市场良性稳健发展的必要措施,也是供给侧结构性改革的内在要求。在2016年杭州G20峰会上,首次将绿色金融发展的理念引入到议题之中,可见发展绿色金融对于全球来说都至关重要。通过不断加快对绿色金融的研发,优化杭州信贷投向,把金融服务深入融合到实体制造企业中,助力杭州绿色金融"弯道超车"。截至2017年,浙江省用于污染权的抵押贷款余额为51.46亿元,同比增长27.58%。2015年底,杭州银行提供3亿元专项贷款用于西湖电子集团新能源大巴的采购,缓解了其启动资金短缺不足的现状,并在一定程度上给予了利率优惠。而现在杭州市也正因新能源汽车的广泛使用,使得城市更加便捷环保,其新能源汽车产业的发展也更为迅速,绿色金融市场也不断趋于完善。近年来,杭州在绿色信贷业务上做了重点调整,积极支持绿色环保、低碳节能以及循环经济和现有资源综合利用的企业发展,对这类企业加大信贷资金的投入使用,仅2017年上半年就淘汰落后行业贷款23家,节约信贷资金1.41亿元。2017年杭州实现工业增加值3 497.92亿元,占GDP省内22.4%;汽车制造业实现产值679.5亿元,同比增长54.9%。同时,杭州六大高耗能行业产值同比下降6.4%,虽然下降幅度不大,但趋势在不断加强,政策在不断收紧,相信随后会对落后企业进一步加强监管。此外,新型环保产业如高新技术产业等都大幅上涨。随着银行、政府、企业的联合发展,相信绿色金融将会不断发展与完善。2007—2016年杭州工业企业增加值情况如图2-2所示。

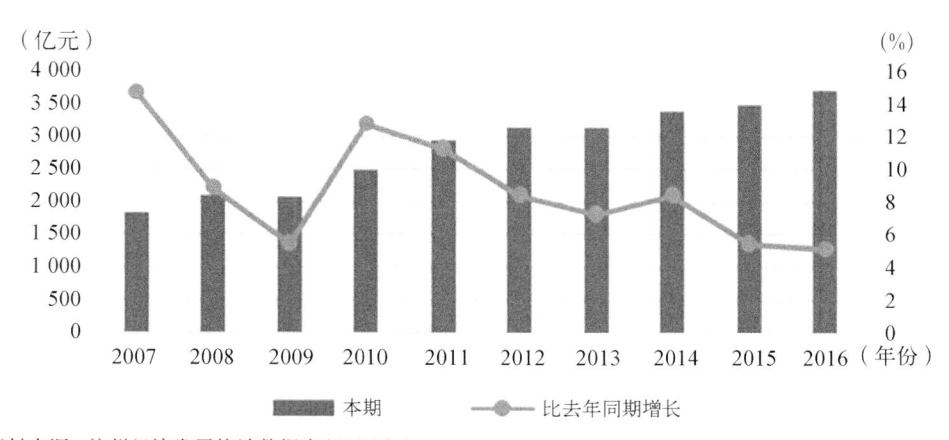

资料来源:杭州经济发展统计数据库(2017年)。

图2-2 2007—2016年杭州工业企业增加值

(三)北京市金融助力制造业发展经验

2017年12月北京规模以上工业总产值累计184.54亿元,同比增长4.5%。其中,内资企业总产值103.9亿元,港澳台商工业总产值18.67亿元,外商投资企业工业总产值50.92亿元;规模以上现代制造业实现营业收入102.53亿元,高技术制造业实现营业收入44.56亿元,共实现总利润19.93亿元。随着《〈中国制造2025〉北京行动纲要》的实施,北京市政府正积极推动北京制造业向高端化发展。

一是大型金融机构总部聚集,金融服务水平较高。相比于上海来说,二者金融行业的发展水平虽相当,但由于北京GDP总量小于上海,因而相比来说其金融业14.64%的占比高于上海 13.22%的占比。北京作为首都,自身拥有一大批以国家控股商业银行为代表的大型金融机构,这些金融机构创造了大量存贷款,显著地提升了北京的金融服务实体,尤其体现在制造业经济绩效上,同时也吸引了更多的金融人力资源和科技创新人才。统计年鉴数据显示,2015 年末北京金融机构数达 4 603 家,且从 2010 年到 2015 年期间保持着平均 5.35%的年增长率,总部优势明显。2017 年全市本外币存款余额为 144 086 亿元,较年初增长 5 651.2 亿元,本外币贷款余额为 69 556.2 亿元,比年初增加 5 816.8 亿元。[①]

二是金融重点为支持"三城一区"主平台建设。北京银行等金融机构深入对接北京市城市发展规划,对全市全行业提供配套完善的基础性和针对性的金融服务。涵盖中关村、怀柔、未来科学城、北京经济技术开发区在内的"三城一区"是北京建设全国科技创新中心的主平台,其地区生产总值在全市占比超过 30%。因此,着力金融支持,将能更多地带动高端集聚型制造业在北京的蓬勃发展。截至 2018 年底,针对小型初创型企业的累计融资额已超 1 000 亿元,很大程度上缓解了小微企业融资难的问题,并且给予小型初创企业最高 20 万元的直接补贴,对符合条件的企业应补尽补,有效助力了国家战略落地实施。

三是大力推动中关村高精尖产业发展。北京银行等金融机构为响应政府号召大力推出针对新型科学技术、装备制造业和大数据云计算高精尖企业的融资支持。2017 年,在高新技术上,中关村贷款总额超 4 000 亿元,较上年增幅 30%;高新技术制造业、战略性新兴产业分别增长 13.6%和 12.1%,具体见图 2-3。而且中关村拥有一大批高新技术企业人才,针对中关村产业实施精准对接服务能够更加发挥金融效力。

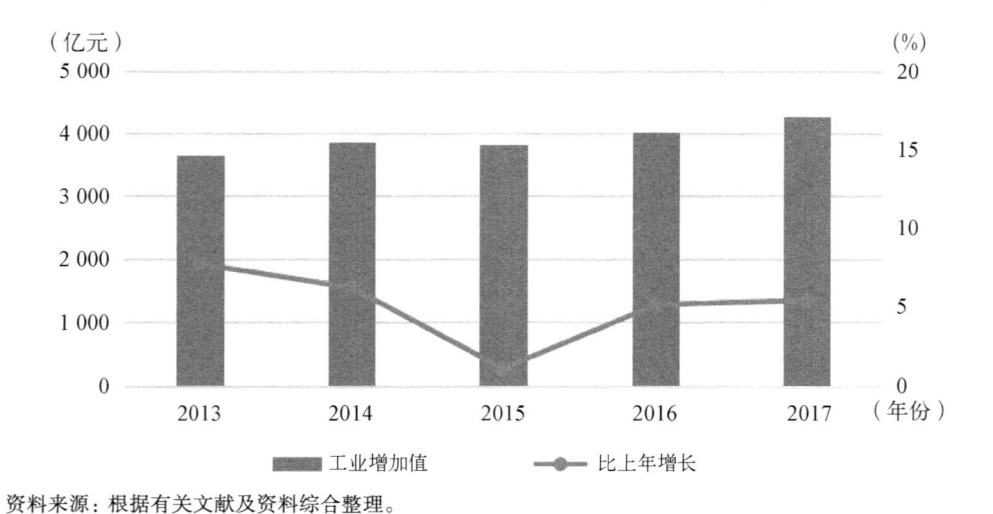

资料来源:根据有关文献及资料综合整理。

图 2-3 2013—2017 年北京工业增加及增长速度

① 北京市统计局.北京统计年鉴 2017[M].北京:中国统计出版社,2017.

四是创新融资产品服务科创企业。近年来,北京银行机构结合科技企业"轻资产"特点推出多款信用及类信用贷款产品,增加无抵押信用贷款投放,积极支持初创小微科技企业。2018年北京市内金融机构总计为科技创新型企业贷款5 026亿元,同比上年增加达25%,其中为小型创新型科技企业贷款达1 485亿元,极大地解决了新兴中小初创企业的融资问题,促进了科研成果的转化生根。

五是创新财税金融支持。通过统筹各类专项资金和信息化发展资金,加大对融合发展共性技术突破、平台建设、试点示范及两化融合管理体系贯标和采信等重点项目的支持,同时加大对两化融合提供新供给能力的新一代信息技术的支持力度。

金融对制造业转型升级的作用:金融作为现代经济的核心,能实现跨时间、跨空间的价值交换,从而有效提升资源配置效率,扩大资源配置范围,助力制造业的转型升级;金融能推动创业创新活动,助力制造业转型升级;金融能对市场机会捕捉、风险管理、资本运营等专业化领域提供支持,助力制造业转型升级。

2017年,北京市规模以上工业增加值较上年增幅5.6%,实现利润总额1 753.8亿元,重点行业如计算机通信行业增长10.8%。具体如图2-4所示。

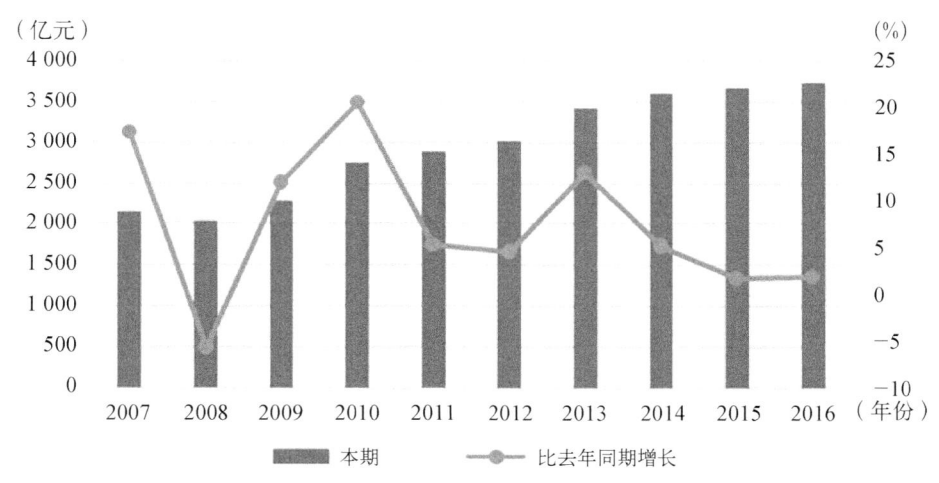

资料来源:《北京统计年鉴2017》。

图2-4 2007—2016年北京工业企业增加值

上海作为我国重要的制造业基地,相比于国外纽约、东京等大都市以及国内杭州和深圳等先进制造业发展较快城市,其郊区腹地较为广阔,但从现状和与国际大都市对比来看,还存在较大差距。因此从上海制造业现状出发,结合国际先进经验,充分借力上海完善的金融市场和金融服务业人才集聚优势,深入对接金融与上海实体制造业,加快推进上海制造业结构转型升级调整,只有大力发展制造业才能更好地稳健经济的发展。

三、上海制造业转型升级的现状分析

为了更好地促进上海制造业转型升级,我们必须在深入研究制造业发展现状的基础上,根据其在发展中存在的问题提出具有针对性的意见。下文将从两个方面进行研究分析:一是上海制造业发展的总体状况,二是细化行业分析上海制造业发展的问题。

(一)上海制造业总体发展现状

上海制造业在整体上虽然有所进步,但同时也存在诸多问题亟待解决,如创新能力不足、从业人数欠缺、高附加值产业竞争力弱、金融对实体经济的支持力度小等。

1. 制造业企业创新不足

(1)从整体层面来看,上海创新主体相对集聚。2017年底,上海外资研发中心有426家,科技小巨人(含培育)企业达到1798家,技术先进型服务企业274家,高新技术企业总数达7642家。但就制造业而言,高科技产业的关键零部件、基础元器件、新材料自给率只有20%,关键核心技术对外依存度高达50%,而先进国家对外依存度小于30%。

(2)上海的研发投入在不断增加。2017年,全市用于研究与试验发展(R&D)经费支出占全市生产总值的3.78%,其中上半年实体企业发生的研发费用合计1300亿元,同比增加22%。研发投入从2010年的481.7亿元在4年内增长至831亿元,年平均增长率高达13%,其中2010年和2011年工业企业研发投入增长率均超过10%,分别达到15.9%和25.4%,然而随后3年的增长速度有所下降,2012年增长率下滑至8.1%,2013年增长率为9%,2014年研发投入增长率仅为7%。就研发投入与GDP的占比而言,呈现出增长喜人的态势,由2010年的2.81%提高到2014年的3.6%,这一占比基本可以与发达国家相比。其中,2012年上海研发经费支出与生产总值的比例为3.37%,高出全国平均水平1.39个百分点,在全国各省份排名第二,仅次于北京的5.59%。但是,与亚洲的一些发达经济体如日本和韩国相比,上海研发投入强度一直处于较低水平。

(3)从研发经费的使用来看,科研投入向战略性新兴产业集聚。2012年战略性新兴制造业研发投入大约157亿元,与2010年相比,增长率为22%,战略性新兴产业研发投入强度达到2.07%,比2010年提高0.24个百分点。重要的是在整体层面上,上海中高端制造业研发投入分散,政府和企业的研发经费被分散稀释,造成研发经费浪费。数据显示,2015年上海研发投入约800亿元,其中企业投入500亿元,仅占企业主营业务比例的1.2%,不足欧美国家的一半。在研发投入中,科技投入正在成为推动企业发展的新动力。根据上海百强企业榜单可以看出,2017年每家企业研发费用平均可达7.24亿元,总体增长率高达20.27%。在这之中,大型制造业的创新投入和产出效果更为明显,起到了强大的引领作用。数据显示,前20名企业研发费用合计448.9亿元,占上海百强的比例达到

85.02%,增幅近22%;上汽集团、宝武集团、上海建工分别以110.63亿元、58.34亿元、46.02亿元位列前三。

（4）上海工业投资增长速度较快。从整体层面来看，截至2018年6月已经完成投资约466亿元①，同比增长约23%，增幅创近十年新高，其中上半年，非国有经济工业投资完成369.4亿元，同比增长约33%，超过整体工业投资增幅10个百分点;私营经济投资也保持了高速增长，同比增长约79%，主要分布于汽车零部件、服装等行业。单就制造业投资而言，完成投资346.8亿元，同比增长22%，其中工业大项目是稳定经济增长、产业投资的重中之重。从数据上看，大项目良好的投资性促进了2018年上半年工业投资的快速增长，全市2018年上半年总投资超过亿元的在建工业项目有550个，比上年同期增加60个，完成投资411.3亿元，同比增长32%;超过10亿元投资的项目有75个，完成投资总额213.6亿元，同比增长约54%。从技改投资方面看，2018年上半年全市技改投资完成288亿元，同比增长约25%，占全市工业投资比重的62%。特别是智能化改造投资快速增加，智能制造与制造业渗透融合加快，本市总投资亿元以上智能制造项目有196个，比上年同期增加75个，完成投资146.3亿元，同比增长45.6%，智能化改造项目占全市技改项目比重约为1/2。其中，智能制造对各行业的引领推动效用正在凸显，通过智能化改造，汽车、钢铁、化工等行业经营模式和经营方式正在由传统向现代化转变。

2. 高附加值产业不强

产业的附加值不高，这是上海制造业腾飞过程中一个重要的障碍。与发达国家相比，上海的制造业企业更多依赖于简单的加工组装，产品的深加工与个性化设计存在不足，制造业产品增加值比率比发达国家的平均水平要低10个点以上。随着生产要素成本如土地的价格上涨、工人工资薪金的提高，使得众多制造业的利润率在下降，打造世界级产业集群，实现产业链上下游重大产品与技术升级项目加快实施成为重要举措之一。商飞、宝钢等企业以高端产品和技术为目标，围绕提高核心部件精密制造能力、提升产品附加值进行改造，核心竞争力明显提升。此外，服务尚不能满足制造业发展的需求也是发展障碍之一。上海作为一个国际大都市，其第三产业结构需要不断优化。数据显示，上海服务业比重可以达到70%，但其中为高端制造业配套提供的服务存在严重不足，使得产业难以形成规模集聚效应。作为制造业中最重要的产业——高新技术产业，它的发展是加快上海制造业"战略性调整"的必由之路。近年来，上海高新技术产业呈现出高速发展的态势，其中2017年制造业增加值为2 262.64亿元，同比增长8.1%。②

---

① 吴星宝.为何要举办进口博览会[N].解放日报,2018-06-12(10).
② 上海市统计局,国家统计局上海调查总队.2017年上海市国民经济和社会发展统计公报[J].统计科学与实践,2018(3):11-21.

3. 金融服务实体经济不足

（1）金融组织体系存在局限性。我国金融组织体系是由政策性银行、国有商业银行、股份制商业银行和大量地方金融机构、非银行金融机构，以及上海证券交易所、深圳证券交易所和大量证券公司等组成。我国金融业实行分业经营和分业监管，虽然这样有利于金融稳定，但不同性质的金融组织体系之间的协调与联动机制并不完善。例如，在金融组织体系中，对短期货币市场、保险市场和长期资本市场之间的资金互相流动的限制，不仅会影响金融整体的资本有效配置功能，而且对制造业多种融资渠道会形成一定的限制。

（2）金融市场发展滞后也是金融难以为实体经济提供良好平台的原因之一。目前，中国金融市场发展的不均衡和结构不合理，导致了制造业企业融资渠道单一、直接融资能力不强。当前，债券市场的结构性问题主要是债券期限不合理、品种单一、收益率市场化程度低。由此造成制造业企业融资结构不合理，阻碍了企业之后的发展。

（3）健全的评级制度欠缺、信息不对称的存在使得资本难以有效地在制造业企业进行合理配置，导致企业融资成本提高，阻碍了企业的发展。由于股票市场发展尚不健全，而且对小企业具有严重的歧视性，现在的股票市场几乎是制造业大企业的市场，小企业难以立足，并且也没有向一些有良好发展前景的高新技术企业敞开。与此同时，金融衍生品市场中的金融期货产品一直未推出，制造业的商品期货影响力小，导致制造业企业融资困难，不利于企业的发展。

4. 制造业从业人数不足

2007年以来，上海各行业的从业人数呈现出稳步上升的趋势（见表2-1）。上海从业人数从2007年的1 024万人逐步上升至2016年的约1 365万人，平均每年增长约38万人；而制造业的从业人数却在不断波动，从2007年的340.8万人增长到2009年的348.78万人，中间略有下降随后逐步上涨至2013年的367万人，但随后又开始逐年下降甚至倒退到2007年的水平；相应的制造业在全市各行业中从业人数的比重也在持续下降，2007年占比大约33%，随后开始逐年下降，到2016年仅占比25%（见图2-5）。由此可见，上海的制造业在从业人员数量方面还是存在相当大的增长空间。从六个重点行业的从业人数变化和趋势上分析来看（见表2-2），2014—2016年这六个重点行业人数整体呈现出下降的趋势，年平均降低5万人次，石油化工及精细化工制造业、精品钢材制造业、生物医药制造业也都在逐年降低，虽然降低人数并不明显，但下降比率较大。其中，石油化工及精细化工制造业年平均下降4.5%，生物医药制造业年平均下降3%；精品钢材制造业降低速度尤为明显，相比2014年的3.52万人下降至2016年的2.77万人，年平均下降比率高达10%；汽车制造业和成套设备制造业在波动后有轻微上涨，但整体趋势并未扭转；六个重点发展工业行业占全市比重呈现出上涨的趋势，由2014年占比55.5%增长至2016年占比57.7%。

表2-1　　　　　　　　上海各行业以及制造业从业人数　　　　　　单位：万人

年份	上海各行业从业人数	制造业从业人数	百分比(%)
2007	1 024.33	340.80	33.27
2008	1 053.24	348.78	33.11
2009	1 064.42	327.86	30.80
2010	1 090.76	341.42	31.30
2011	1 104.33	341.41	30.92
2012	1 115.50	336.86	30.20
2013	1 368.91	367.03	26.81
2014	1 365.63	366.14	26.81
2015	1 361.51	351.03	25.78
2016	1 365.24	341.82	25.04

资料来源：上海统计局数据(2007—2016年)。

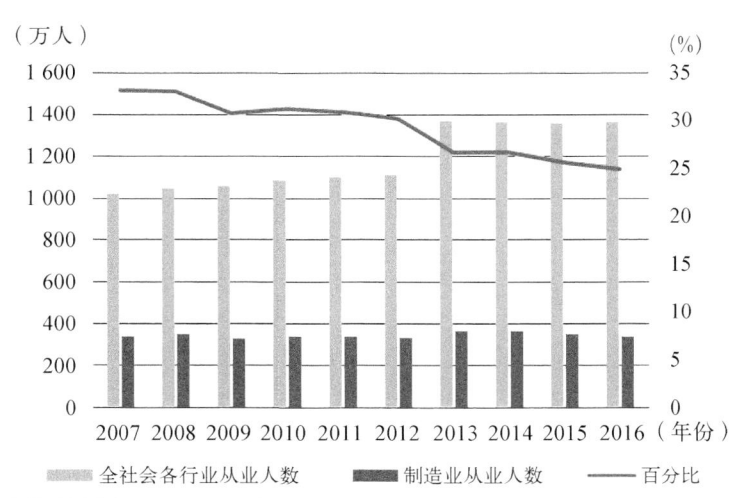

图2-5　上海各行业及制造业从业人数

资料来源：上海统计局数据(2007—2016年)。

表2-2　　　　　　　　上海六个重点行业从业人数　　　　　　单位：万人

行业类型	2014年	2015年	2016年
电子信息产品制造业	55.34	52.09	45.71
汽车制造业	23.16	22.88	24.04
石油化工及精细化工制造业	12.62	12.08	11.43
精品钢材制造业	3.52	3.26	2.77
成套设备制造业	32.83	33.22	30.44
生物医药制造业	9.44	9.26	8.80
六个重点发展工业行业占全市比重(%)	55.50	56.90	57.70

资料来源：上海统计局数据(2014—2016年)。

上述内容从侧面印证制造业总体从业人数的下降速度之快。从高技术产业也可以看出（见表2-3），在高技术产业从业的总人数也在逐年下降，由2014年的58.27万人下降至2016年的50.50万人，其中计算机及办公设备制造业的从业人数下降最为明显，由2014年的18.03万人下降至2016年的7.95万人，年平均下降率达34%；医药制造业从业人员也有所下降，从2014年的6.2万人下降至2016年的5.68万人；信息化学品制造业从业人员由2014年的0.21万人下降为2016年的0.19万人；医疗仪器设备及仪器仪表制造业从业人员数基本维持不变；电子及通信设备制造业从业人员总数在波动中有所增加，2014年为27.31万人，2015年增加至32.93万人，却在2016年下降为28.93万人。就企业类型层面的从业人数进行分析，可以看出不同类型企业的从业人数变动（见表2-4）。大型工业企业的从业人数由2014年的87.08万人下降至2016年的77.64万人，年平均下降人数近5万人次；中型工业企业由2014年的70.39万人降低至2016年的60.70万人，年平均下降人数也近5万人次；小型工业企业也呈现出一致的发展态势，年平均下降人数为5万人。这一致的降低趋势印证了制造业人数的降低体现在方方面面。在面临制造业转型升级的大环境时，虽然人力资本与科技创新相比推动作用相对较弱，但若要大力发展制造业就必须有充足的劳动力作为后盾，如何提高制造业从业人员的数量和质量是当下转型升级中必须考虑的因素之一。

表2-3　　　　　　　　　　高技术产业从业人员　　　　　　　　　单位：万人

行业类型	从业人员数		
	2014年	2015年	2016年
合计	58.27	57.12	50.50
医药制造业	6.20	6.07	5.68
航空航天器及设备制造业	1.31	2.36	2.51
电子及通信设备制造业	27.31	32.93	28.93
计算机及办公设备制造业	18.03	10.38	7.95
医疗仪器设备及仪器仪表制造业	5.21	5.20	5.24
信息化学品制造业	0.21	0.18	0.19

资料来源：上海统计局数据（2014—2016年）。

表2-4　　　　　　　大型、中型、小型工业企业从业人数　　　　　　单位：万人

按企业类型划分	2014年	2015年	2016年
大型工业企业	87.08	80.49	77.64
中型工业企业	70.39	65.03	60.70
小型工业企业	84.97	79.14	74.98

资料来源：上海统计局数据（2014—2016年）。

(二) 制造业细分行业发展现状

为了对制造业各个行业有更好的了解,本报告将首先分析上海六个重点行业的现状,其次重点分析高技术产业,最后分析战略性新兴产业。

1. 六个重点行业发展稳定

中高端制造业发展稳定。[①] 从上海的六个重点行业来看,近年来发展稳定。2015—2017 年上海市工业增加值分别为 7 109.94 亿元、7 145.02 亿元、8 303.54 亿元,平均增长率为 2.5%。2015—2017 年完成工业总产值分别为 33 211.57 亿元、33 079.72 亿元、36 094.36 亿元,增长率分别为-0.5%、0.7%、0.8%。2015—2017 年规模以上工业总产值分别为 31 049.57 亿元、31 082.72 亿元、33 989.36 亿元,增长率分别为-0.8%、0.8%、6.8%。其中,2015 年六个重点行业完成工业总产值 20 769.44 亿元,比上年下降 0.2%,占全市规模以上工业总产值的比重约 67%。2016 年六个重点行业完成工业总产值 21 001.28 亿元,比上年增长 1.9%,占全市规模以上工业总产值的比重为 67.6%。2017 年六个重点工业行业完成工业总产值 23 405.50 亿元,比上年增长 9%(见表 2-5),占全市规模以上工业总产值的比重为 68.9%。在全市工业产值增加的大环境下,六个重点行业也在稳步发展,而且其在总产值中的占比也在不断增加。2017 年汽车制造业表现得十分亮眼,比上年增长 19.1%,而石油化工及精细化工制造业、精品钢材制造业、成套设备制造业的增长都比较缓慢,众多传统中小型企业缺乏转型升级的能力,企业主要从事配套加工、来料简单加工和一些服务型的生产,在生产价值链中处于较低水平。随着土地和劳动力等生产要素的价格提高,这类企业的产值增长会出现明显下降,甚至面临亏损。此外部分高技术产业,特别是电子计算机及办公设备制造业,由于拥有的核心技术较少,更多的是从事代加工和简单制造,处于价值链的低端环节,增加值比率较低。因此,如何实现低端制造业的提升和中高端制造业的繁荣发展是亟待解决的问题。

表 2-5　　　　　　2017 年六个重点行业工业总产值及其增长速度

指　　标	绝对值(亿元)	比上年增长(%)
六个重点行业工业总产值	23 405.50	9.0
电子信息产品制造业	6 505.04	7.6
汽车制造业	6 744.33	19.1
石油化工及精细化工制造业	3 978.68	1.8
精品钢材制造业	1 281.40	2.0
成套设备制造业	3 978.73	4.0
生物医药制造业	1 067.32	6.9

资料来源:上海统计局数据(2017 年)。

[①] 上海市统计局,国家统计局上海调查总队.上海统计年鉴(2016—2018)[M].北京:中国统计出版社,2016—2018.

通过分析 2014—2016 年六个重点发展工业行业主营业务收入(见表 2-6),可以得出以下结论。

表 2-6　　　　　　　六个重点发展工业行业主营业务收入　　　　　　单位:亿元

行　业　类　型	2014 年	2015 年	2016 年
合计	24 052.59	23 181.66	23 400.30
电子信息产品制造业	6 759.61	6 692.13	6 456.82
汽车制造业	6 645.70	6 574.19	7 213.54
石油化工及精细化工制造业	3 944.55	3 520.91	3 419.88
精品钢材制造业	1 773.78	1 391.77	1 351.27
成套设备制造业	4 049.05	4 070.74	3 953.08
生物医药制造业	879.90	931.92	1 005.71
六个重点发展工业行业占全市比重(%)	67.80	67.80	68.20

资料来源:上海统计局数据(2014—2016 年)。

从整体来看,这六个行业的营业收入呈现出下降的趋势,从 2014 年的 24 052.59 亿元下降至 2016 年的 23 400.3 亿元,下降超过 650 亿元。就总量而言,降低的数字还是比较大的,但其在制造业中所占比重却有小幅度的增加,由 2014 年的 67.8%增长至 2016 年的 68.2%。

从具体行业来看,电子信息产品制造业的下降总额最为明显,两年一共减少营业收入超过 300 亿元,占下降总额的 46%,当然这与该行业本身的营业收入总体量较大有明显的关系,但就其占六个行业的比重为 28%而言,主营业务收入下降的速度相对整体下降速度还是明显要快的。由此可以看出,电子信息产品制造业的发展已呈现明显的下行趋势,需要着重关注。汽车制造业在整体下降的大环境下,其表现还是十分令人惊喜的,虽然 2014—2015 年轻微下降,但随后又迅速回升,甚至超过了 2014 年的 6 645.70 亿元收入,首次突破 7 000 亿元大关达到了 7 213.54 亿元,增长了 568 亿元。石油化工及精细化工制造业营业收入持续减少,由 2014 年的 3 944.55 亿元下降至 2016 年的 3 419.88 亿元,两年营业收入减少约 525 亿元,年平均减少约 262 亿元,就其占六个行业的比重而言,下降速度相对较快,几乎成为六个重点发展行业主营业务收入下降的主要来源。石油化工及精细化工制造业作为制造业中的重点行业,并未发挥行业的领导作用,反而呈现出持续下降的颓势,加大研发投入或者给予政策支持、提高产品的质量及相应的价格是增加其营业收入的一个重要举措。精品钢材制造业两年间的营业收入也下降了约 423 亿元,这可能与近年来钢材行业的不景气有着相当大的关系,其下降比率高达 12%,如何提高精品钢材的质量是促进出口、加大内需、提高营业收入的关键所在。成套设备制造业在这三年的表现相对比较平稳,虽有轻微波动,但整体稳定。生物医药制造业的发展成为六个重点发展行业中又一个给了我们惊喜的行业,主营业务收入从 2014 年的 879.9 亿元增长到 2016 年的 1 005.71 亿元,虽然增长总量不大,但在整体发展下行的趋势下,其表现还是令人满意的,尤其是相对自身经济体量,增长比率还是相对较高的,年平均增长率可以达到7%。

通过研究具体行业的数据,不难看出,在今后的发展之中,维持汽车制造业和生物医药制造业的发展速度,重点发展且大力支持电子信息产品制造业、石油化工及精细化工制造业,给予精品钢材制造业和成套设备制造业适当政策支持,这些将成为上海未来发展的趋势之一。

在对以往六个重点行业的分析回顾之后,本报告选取了2018年1—8月这六个重点行业的工业总产值进行进一步的研究,结合当下经济发展内需不足、中美贸易摩擦加剧、人民币汇率持续下跌的趋势,这六个重点行业都受到了一定的影响,以下将进一步分析预测这六个行业各自未来的发展趋势。

根据2018年上海统计局数据(见表2-7、图2-6),自3月至8月六个重点行业工业总产值表现出波动不一的发展态势,4月相比上月增加,5月相比上月减少,6月相比上月增加,7、8月维持下降趋势。每月在波动变化,整体发展态势并不明朗。从具体行业来看,电子信息产品制造业整体上呈现出良好的发展态势,从3月的479.62亿元逐步上升至8月的551.28亿元,虽然增加的绝对值不高,但月度增长比率可以达到3%左右,可见其发展空间和潜力还是很大的。汽车制造业的月度工业总产值整体呈现出下降的趋势,虽在4月有轻微增长,但随后几个月持续降低,从4月的611.30亿元下降至8月的460.09亿元,月平均降低约38亿元。石油化工及精细化工制造业在波动中轻微增长,3—5月一直处于下降阶段,随后发生反弹,由307.64亿元持续增长至372.94亿元。精品钢材制造业整体变化不大,但还是有一些下降的趋势,由于在六个重点行业中所占比值不高,其变化波动对总产值的影响相对较小。成套设备制造业在波动中发展,整体变化不明显,但与2017年同期工业总产值相比还是有所增长的。生物医药制造业发展稳定,整体有微小的上涨。

表2-7　　　　2018年1—8月六个重点行业工业总产值　　　　单位:亿元

指标	1—2月	3月	4月	5月	6月	7月	8月
六个重点行业工业总产值	3 706.09	1 975.57	1 981.53	1 933.38	1 983.17	1 935.58	1 924.62
电子信息产品制造业	946.64	479.62	493.07	479.94	509.79	524.68	551.28
汽车制造业	1 190.78	595.57	611.30	584.62	566.92	528.82	460.09
石油化工及精细化工制造业	660.15	350.09	309.13	307.64	333.32	346.33	372.94
精品钢材制造业	204.74	108.68	111.15	107.98	102.92	100.78	98.32
成套设备制造业	541.37	343.84	357.65	350.29	367.08	334.53	345.52
生物医药制造业	162.41	97.77	99.23	102.91	103.14	100.44	96.47

资料来源:上海统计局数据(2018年)。

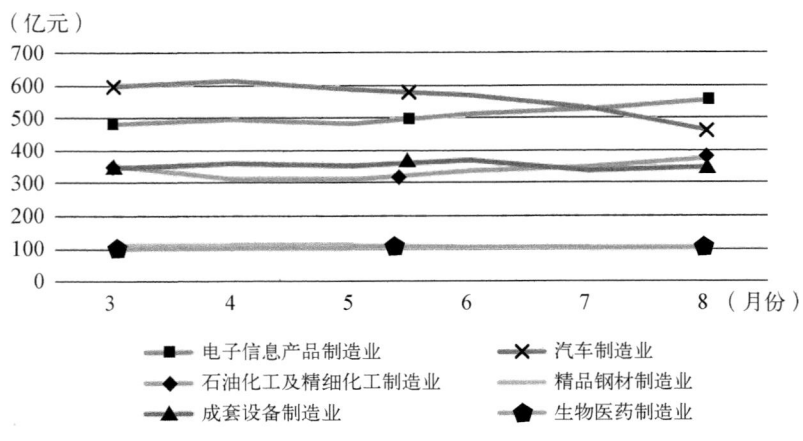

(亿元)

图例：
- 电子信息产品制造业
- 汽车制造业
- 石油化工及精细化工制造业
- 精品钢材制造业
- 成套设备制造业
- 生物医药制造业

资料来源：上海统计局数据(2018年)。

图 2-6　2018年3—8月六个重点行业工业总产值

从2018年月度数据来看,目前制造业受贸易摩擦和汇率变动的影响不大,但在对外贸易和出口方面可能显现出明显的下降。

2. 高技术产业发展各异

本报告重点选取高技术产业来研究其在发展中存在的问题和面临的挑战。从上海统计局的数据可以看出(见表2-8),2014—2016年医药制造业稳步发展,总产值有了一定的提高。航空航天器及设备制造业增长波动剧烈,2014—2015年增长率高达63%,随后急剧下降,增长率仅为3%,可见航空制造业的发展还是很不稳定的,需要政策支持调整其发展战略,在维持快速发展的同时保持相对稳定。电子及通信设备制造业在这三年间发展较为迅速,其工业总产值在整个工业中占比较大,发展空间也相对较大,提高该产业的研发投入将会为其创造更大的产值。计算机及办公设备制造业近年来发展一直处于倒退状态,连续三年工业总产值都在下降,其中2014—2015年下降了1 100亿元,几乎是除电子及通信设备制造业之外四个高技术产业生产总值的总和,这个现象必须加以重视。政

表2-8　　　　　　　　　　高技术产业生产总值　　　　　　　　单位：亿元

按技术领域分	2014年	2015年	2016年
医药制造业	622.72	655.99	686.00
航空航天器及设备制造业	121.55	198.30	204.27
电子及通信设备制造业	2 370.22	3 543.15	3 425.73
计算机及办公设备制造业	3 089.36	1 951.06	1 806.95
医疗仪器设备及仪器仪表制造业	419.20	438.03	469.76
信息化学品制造业	25.28	23.39	25.55

资料来源：上海统计局数据(2014—2016年)。

府应加大对计算机及办公设备制造业的研发投入与相关人才的培养力度,并且在金融政策方面给予优惠,降低相关税金的征收,简化相关投融资的申报环节,让更多的资源被合理利用,减缓其发展的颓势,尽快实现产值的平稳增加。医疗仪器设备及仪器仪表制造业最近几年平稳增长。信息化学品制造业工业产值一直在轻微波动中增加。令人欣慰的是上海创新成果转化速度不断加快,2017年高新技术成果转化项目达到493项。其中,电子信息、生物医药、新材料等重点领域项目占有率约88%;经过认定并且登记的各类技术交易合同21 000多件,合同金额超过867亿元,同比增长5.4%。

根据上海统计局相关数据(见表2-9),从高技术产业的总营业收入来看,有先升后降的趋势,自2014年的7 081.32亿元增长至2015年的7 213.01亿元,随后又下降至2016年的7 010.18亿元,整体有微小下降。从具体行业来看,医药制造业的发展态势良好,呈现出逐年上涨的趋势,2015年增长率为7%,2016年增长率为8.7%。航空航天器及设备制造业的发展更是惊人,尤其是2014年至2015年,出现了爆炸式的增加,就增加值而言,收入增加了69.45亿元,增长率更是高达56.3%,但随后发展相对平稳,只出现微小的下降。电子及通信设备制造业发展处于上行趋势,2014—2015年主营业务收入增加1 210.47亿元,几乎是除了计算机及办公设备制造业之外其余四个行业的营业收入总和,由此可见其发展空间的巨大,虽然2016年有所下降,但整体的增加趋势并未改变。计算机及办公设备制造业的主营业务收入变动解释了在上述三大行业营业收入均处于增加状态下,总体营业收入却轻微下降的原因,该行业从2014年的3 414.04亿元下降为2015年的2 208.01亿元,随后又降低至2 059.26亿元,其中2015年的下降总额约为1 206亿元,降低比率高达35.3%。医疗仪器设备及仪器仪表制造业主营业务收入出现轻微增加,由2014年的436.2亿元增加至2016年的489.63亿元,虽然增加总额53亿元并不显著,但就其年平均增长率而言还是比较明显的,可以达到5.5%。信息化学品制造业的发展出现波动增加,但整体上变化较小。

表2-9　　　　　　　　　　高技术产业主营业务收入　　　　　　　　　　单位:亿元

按技术领域分	2014年	2015年	2016年
合计	7 081.32	7 213.01	7 010.18
医药制造业	616.07	659.35	716.44
航空航天器及设备制造业	123.45	192.90	190.78
电子及通信设备制造业	2 467.13	3 677.60	3 528.78
计算机及办公设备制造业	3 414.04	2 208.01	2 059.26
医疗仪器设备及仪器仪表制造业	436.20	452.00	489.63
信息化学品制造业	24.43	23.15	25.29

资料来源:上海统计局数据(2014—2016年)。

综上所述，高技术产业的发展整体上还是比较稳定的，但其中计算机及办公设备制造业的发展最为令人担忧，连续三年主营业务收入下降也显示出该行业发展中存在着很大的问题。如何在拉动内需促进外贸的情况下，通过加大研发投入，吸引高端人才，给予金融税收方面的优惠政策，扭转其发展的颓势，将成为需要解决的重点问题之一。

3. 战略性新兴产业亟待发展

纵观这几年上海战略性新兴产业的发展可以看出，增加值正呈现出不断增长的趋势，其中2014年上海战略性新兴产业（制造业部分）总产值比上年增加5.5%，占工业总产值的比重约25%，2015—2017年新一代信息技术、节能环保、新能源、高端装备、新材料汽车等战略性新兴产业制造业完成工业总产值分别为8 064.12亿元、8 307.99亿元、845.92亿元，年增长率分别为-1.1%、1.5%、5.7%，2017年战略性新兴产业制造业完成工业总产值为10 465.92亿元，约占全市规模以上工业总产值的33.3%。[①] 2018年上半年，全市节能环保产业实现总营业收入为633亿元，比2017年同期增长7.9%；节能环保制造业总产值318.3亿元，同比增长6.5%；节能环保服务业总产值314.7亿元，同比增长9.4%。从细分领域来看，在节能环保制造业中，以节能空调、高效电机等为代表的节能制造业产值占比超过70%；以废旧金属处置利用、新型建材等为代表的资源综合利用制造业占比6.5%；以大气治理、水处理装备等为代表的环保制造业占比16.8%。在节能环保服务业中，以节能工程咨询、新能源服务等为代表的节能服务业占比46.5%；以固废处置等为代表的资源综合利用服务业占比8.2%；以环保研发、环境工程与设计等为代表的环保服务业约占45%。但同时也可以看出，就制造业的增长率来说，无论是绝对值的增加还是增长率的变化都明显弱于服务业。战略性新兴产业制造业对于制造业发展腾飞有着战略性的关键作用，必须予以重视。在2017年5月31日发布的《关于创新驱动发展巩固提升实体经济能级的若干意见》上，不但进一步明确战略性新兴产业增加值占全市GDP比重要达到20%以上，而且还提出战略性新兴产业制造业产值占全市工业总产值比重要达到35%左右。[②] 具体高技术产业主营业务收入值如表2-10所示。

表2-10　　　　　　　　　高技术产业主营业务收入值　　　　　　　　　单位：亿元

年 份	战略性新兴产业增加值	制造业绝对值	比上年增长（%）	服务业绝对值	比上年增长（%）
2015	3 746.02	1 673.49	-0.1	2 072.53	8.7
2016	4 182.26	1 807.75	2.7	2 374.51	6.9
2017	4 943.51	2 262.64	8.1	2 680.87	9.2

资料来源：上海统计年鉴数据（2015—2017年）。

① 根据上海市经济和信息化委员会官网历年资料整理。
② 推动上海制造业转型升级　打造国际高端智造中心[N].解放日报，2017-10-18(4).

4. 上海汽车集团发展迅速

上海汽车集团股份有限公司(简称上汽集团)是上海乃至全国著名的汽车上市公司,其主要业务有整车、零部件的研发、生产、销售、物流、车载信息、二手车等汽车服务贸易业务及汽车金融业务。截至2013年,上海共有550家汽车制造企业,相关从业人员达到23万人,比上年增加了约0.5万人。上汽集团作为上海制造业的重点企业,自建立以来发展态势良好,汽车产量和质量都在不断提高。2014年上汽集团整车销量达到562万辆,比2013年同期增长10.6%,在国内汽车市场保持着领先优势;同年实现合并销售收入1 022.48亿美元,第12次入选《财富》杂志世界500强,排名第60位,较上一年提高了25位。2015年上汽集团全年实现整车销售590.2万辆,比2014年同期增长5%,相比其他汽车企业,上汽集团增长速度较快,连续数年保持国内企业的销量冠军。2015年3月13日,上汽集团与阿里巴巴集团合作,推出了第一款互联网汽车集成Yun OS系统。2016年7月20日,《财富》世界500强出炉,上汽集团依然保持世界500强的位置;同年8月,上汽集团在中国企业500强中,排名第11位。纵观2016年全年发展,上汽集团始终保持销售和市场占有率第一的位置,累计销售整车648.89万辆,比2015年同期增长9.95%。其中,上汽大众全年销售200.2万辆,比2015年同期增长10.5%,成为国内第一家年销量突破200万辆的乘用车企业;上汽通用全年销售188.7万辆,比2015年同期增长7.7%;上汽通用五菱全年销售整车213万辆,比2015年同期增长4.4%,持续保持国内单一车销售第一的位置。

通过分析上汽近年来的强势表现可以看出,坚持自主品牌创新、加大研发投入、争取汽车智能化与节能化、加强公司品牌建设、树立新的公司形象、积极提升"软实力"的重要性,正是这些因素共同促进了上汽集团综合竞争力的不断提升,实现质的飞跃。2016年上汽自主品牌乘用车销量32.2万辆,比上年同期增长89.2%;上汽大通自主品牌商用车2016年实现整车销售4.6万辆,在轻客市场下滑明显的情况下,逆势增长31.6%,其整车出口也实现了逆势增长,首次位居全国第一。在全国出口情况不佳的形势下,上汽集团2016年实现整车出口11.8万辆,比上年同期增长48%,首次位居全国第一;出口创汇高达28.2亿美元,比上年同期增长60%以上。截至2016年末,上汽集团已在欧洲、非洲、南美洲、东盟和澳大利亚等地建立了业务网络,主要涵盖前瞻研究、研发生产、营销服务、投融资平台和国际贸易五大业务领域,拥有73个海外零部件基地,产品已经实现批量进入英国、美国、新加坡、澳大利亚等国,全球布局、跨国经营战略已经初步实现。另外,上汽集团泰国基地新工厂也已经启动建设;印度尼西亚整车及零部件园区建设按期推进,于2017年第三季度建成投产。2017年7月31日,《财富》中国500强排行榜发布,上汽集团排名第四。2018年5月9日,"2018中国品牌价值百强榜"发布,上汽集团位列第34名。2018年6月14日,上海大众汽车有限公司发生投资人(股权)变更,奥迪股份有限公司作为新增股东加入,意味着上汽集团拥有了生产奥迪汽车的资格。2018年上汽集团新能源汽车推广应用取得良好成效,1—8月新增新能源汽车33 418辆,比上年同期增长58%,其中私人领域购车占比达到72%,创下了历史新高;截至同年9月10日,累计推广总量已率先突破20万辆,占全国新能源汽车总推广量的10%左右。若以新能源汽车和智能网联汽车为方向,汽车领域的改造涵盖汽车电子、车身部件、电池系统、充电设备,全行业技改投资占全市技改投资比重达16%,2018年上海新能源汽车产值同比增长29.6%。

通过上汽集团发展的历程不难看出,智能化、创新化、节能化是未来汽车制造的发展大方向,如何有效推动上汽集团乃至整个汽车制造业的发展是未来需要关注的重点。

(三)上海制造业发展制约因素

一方面,上海的低端制造企业产品创新不足,主要依靠对国外先进产品的模仿和简单加工,在产品深加工方面有所欠缺,一些关键的核心技术一直未能掌握,这从根本上影响了制造业的长远发展。另一方面,虽然近年来金融业为制造业的发展提供了一定的支持,但在高速发展的同时,"融资方式单一、融资信任成本高"等问题一直困扰上海先进制造业企业,仅依赖内源融资将很难达成"上海制造"的目标。

1. 融资方式单一

大多数高新技术企业存在间接融资占比过大的问题,通过间接融资方式的资源很难进入直接融资领域。随着企业的成长,当进入企业"二次技术创新"阶段时,原有融资方式的单一性限制了高新技术企业对于技术设备与人才资源的获取,导致企业研发投入遇到障碍,并且研发科技成果无法转化。

2. 融资信任成本高

对于涉及高新技术产业相关项目的调查与评估,是金融机构在对项目注入资金前的必要步骤。但由于高新技术产业专业技术的特殊性,致使多数金融机构无法进行全面的风险评估,这一情况限制了金融机构对于高新技术产业的支持力度。

3. 金融工具与服务品种单一

为了应对传统金融机构的金融工具和服务品种单一而产生的企业融资困难,上海多家商业银行借鉴海外经验,开创了适应上海经济特点的金融创新,提高了金融服务和资本供应工具的品种,来增加对上海企业的资金供应。但是,由于现实因素的问题,金融总体创新能力不强,金融机构还是没有脱离存贷、结算和汇兑等传统业务,不能实现金融工具的创新,如股票债券工具、租赁,以及与金融衍生品工具的交易,这严重影响了制造业本身的竞争力发展。例如,当前上海商业银行金融服务品种单一,主要集中在传统的存贷款业务上,但是贷款管理与审批分离抑制了基层银行的金融创新能力,满足制造业企业信贷资金需求的信贷品种越来越少,不利于上海制造业的融资发展。此外,美国制造业回归对上海发展先进制造业也将产生一定的影响,在带来机遇的同时,也给制造业带来了巨大的挑战,对中国制造业冲击明显。从美国国内制造业回归的国别数据来看,近几年从中国回归的企业最多。同时,对上海制造业的影响也不容小觑,在一定程度上会吸引人才的回流、改变供应链的结构,进而影响资源配置、技术溢出等,阻碍先进制造业的转型升级。美国制造业回归必将影响上海的投融资,上海国际金融中心建设的进程将会减缓,对制造业的发展也必将是新的冲击,技术、资金、人力的回流将会使上海科创中心建设遭受冲击,研发中心的转移将更进一步恶化上海制造业尤其是高新技术产业的发展现状。中美贸易摩擦的发生已经使得我国的贸易受到影响,上海也不例外,一旦上海的人才技术资金回流美国,上海制造业的转型升级将更会难上加难。当然,机遇与挑战是并存的,上海的先进制造业已经具有完备的体系,在一些领域也已经具有国际先进水平,美国制造业的回归,给了这些产业更大的发展空间,也倒逼这些产业继续发展。对于一些终端产业,可以与美国高端产业链有机结合,以获取先进技术,助力产业升级。

四、金融创新与"上海制造"转型升级的联动研究

针对先进制造业和传统低端制造业两大类,本报告将从政策、银行、保险和证券四个层面分别论述金融创新对其产生的联动效应以及如何助力上海制造实现转型升级。

(一)金融创新助力先进制造业发展

在大力发展先进制造业方面,德国工业4.0凭借先进的制造能力,运用智能化手段,实现了智能制造的快速发展;美国以先进的技术和金融促进工业互联网的发展;日本依托在机器人研发领域的领先地位,已经成为当前工业和服务机器人大国。上海先进制造业的发展应当充分借鉴国外经验,以本土传统产业为基础,出台相应的扶持政策,整合优势资源,助力创新发展,进而带动整个先进制造业持续向前。

1. 以政策性基金推动制造业产业与人才双提升

上海制造业已经显现出诸多问题,单纯依靠引进技术和专利已经不能适应当下的竞争环境,依靠劳动力参与国际分工也不再具有可持续发展的意义,此时金融科技的助力恐怕难以发挥出它应有的作用。

第一,政府可以通过建立产业投资基金,发挥财政资金的杠杆放大作用。有效引导资本投向,提高财政资金使用效益和资源配置效率,可以为实体经济发展提供资金保障。目前我国产业投资基金进入了快速发展时期,国家层面投资基金有集成电路产业投资基金、中小企业发展基金、先进制造产业投资基金等;现有地方层面投资基金主要有湖北省长江经济带产业基金、浙江省转型升级产业基金等。上海市政府也可通过建立产业投资基金,引导先进制造业加大研发投入,加速研发资本积累,提高企业技术与管理创新能力,通过资金引导上海制造业向高端制造业转型。

第二,在政策导向上,要从产业和人才两个角度出发进行。上海应为重点行业和关键技术制定政策鼓励措施,在人才引进和人才服务方面,出台相应的人才扶持政策,以优势人才资源带动整个先进制造业持续向前。同时为产业发展提供专项人才资金,加大对创

新型人才的重视,帮助先进制造业解决企业面临的发展难题。凭借专项人才资金对实体经济的巨大支持,促进上海先进制造业的发展。

2. 加强银企对接以提高企业投融资便利

第一,应发挥银行信贷作用,增进银企合作,梳理对接重点项目融资需求。通过加强信贷政策引导,促进上海先进制造业发展,增加对生物医药、成套设备制造、汽车制造、电子信息等行业支持,并建立机制,定期收集发布有关机器人、核电、数字诊疗装备、智能电网等高端装备制造领域的行业趋势。

第二,利用大数据进行风险控制,优化商业银行信贷投放机制,为制造业提供信贷优惠。据统计,通过对制造业的信贷优惠措施,江苏省在2017年前11个月的制造业总产值同比增长14%,利润同比增长18%。[①] 与江苏类似的上海,若能对制造业提供信贷优惠,相信也能带来良好的效果。同时银行应提高对先进制造业不良贷款的容忍度,适度放宽对先进制造业贷款的风险权重,使上海先进制造业取得贷款更为便捷。

第三,对接上海自贸试验区的自由贸易账户功能,提高企业投融资便利。目前,FT账户是上海自贸试验区金融改革的一大创新。该账户体系打通了企业与离岸市场之间的快速通道,为先进制造业企业走出去和实体经济之间所需的贸易结算与跨境投融资汇兑便利提供了更有效的方式。FT账户不仅可以实现跨境投资和汇兑便利化,促进资本项目可兑换,而且更有利于扩大人民币跨境的使用范围,减少汇兑过程中的成本与风险,同时也有效防止自由贸易账户与境内非自由贸易账户之间的风险渗透,有助于跨境资本流动的风险控制。上海先进制造业企业需以"研发助转型,专利助升级"为目标,以"金融开放与创新"为契机,借助"拓展FT账户功能,减少融资环节,更加便利跨境资本流动",增强自身的核心竞争力。

3. 针对制造业开展定向支持保险险种

第一,开发促进战略性新兴制造业发展的保险产品。通过发挥保险市场的保障作用,助推上海制造业转型升级。积极开发促进战略性新兴制造业发展的保险产品,进一步鼓励保险公司发展企业财产保险、科技保险、安全生产责任保险等业务,为制造业提供各个方面的风险保障。同时,通过债权、股权、基金、资产支持计划等多种形式,积极发挥保险长期资金优势,为先进制造业发展提供稳定的低成本资金来源。[②]

第二,保险公司对首台(套)重大技术装备保险开展保费补贴。作为继农业保险之后中央财政采取保费补贴方式支持的第二大类险种,首台(套)重大技术装备保险补偿机制已建立,不仅以市场化方式分担了用户风险,更好地促进了上海装备制造业健康持续发

---

① 中商产业研究院. 2017年江苏经济运行情况分析:GDP同比增长7.2%[EB/OL]. [2018-01-27]. http://www.askci.com/news/finance/20180127/094443117027_2.shtml.

② 中华人民共和国工业和信息化部官网. 五部门关于金融支持制造强国建设的指导意见[EB/OL]. [2017-03-29]. http://www.miit.gov.cn/n1146295/n1652858/n1652930/n3757016/c5552432/content.html.

展,而且为保险业支持国家经济转型升级、拓宽保险服务领域提供了广阔空间。

4. 利用证券业为高端制造业升级赋能

第一,要推进信贷资产证券化。按照现代企业资本结构理论,由于财务杠杆的税盾作用的存在,使得企业相比股权融资更倾向于债券融资,不仅有利于企业价值最大化,推动国内信贷资产证券化,而且还有利于发展债券市场,提高直接融资比例。例如,推广高端技术装备、智能制造装备、节能及新能源装备等制造业融资租赁债权资产证券化,扩大制造业融资租赁机构资金来源,更好地为企业技术升级改造服务。同时,通过完善债券市场的成熟度结构、增加债券种类,促进债券收益率市场化,形成有效的基准收益率曲线,改善制造业企业融资结构。

第二,制定出台私募投资基金管理暂行条例。修改上市公司股权激励管理办法,健全证券评级制度,使资本能有效地在制造业企业进行合理配置,降低企业融资成本,促进企业发展。

第三,开展商品期货期权和股指期权试点。推出适合金融衍生品市场的金融期货期权产品,促进场外衍生品市场发展。通过支持企业开展上市、发债、资产证券化以及在"新三板"、上海股权托管交易中心挂牌,发挥产业转型升级作用,引导和鼓励社会资本设立若干个百亿级产业投资基金。

(二) 金融创新助力传统低端制造业转型升级发展

上海在未来的产业结构调整中,不能因为追求高新技术而忽略传统制造业的发展,要努力利用大都市产业聚集和人口聚集所形成的集聚效应,促进第二产业与第三产业、传统制造业与先进制造业协调发展。制造业的转型与升级不仅需要支持先进制造业的发展,更需要积极引导传统低端制造业的转型和发展。

1. 以绿色金融引导低端制造业树立健康发展路线

第一,要全面发展绿色金融。在产业政策方面,首先根据本地实际的发展需求,结合国外经验,制定针对传统制造业绿色改造的升级方案;其次对于重点传统制造业,建立产业绿色转型引导基金、担保基金和风险补偿基金,提高金融资源对传统产业绿色改造转型项目的投入使用效率;最后建立绿色改造升级项目库,研究制定实施方案和配套政策,为绿色金融对接提供基础。在财政和税收方面,采取财政贴息、税收优惠等政策,支持绿色金融发展,坚持区别化、有扶有控原则,不断优化金融支持方向和结构,积极拓展中小型制造业企业的多元化融资渠道,促进金融体系良性健康发展,加快制造业结构调整和转型升级。

第二,健全金融政策,深化金融改革。积极探索再贷款、再贴现及监管政策等方面,优化升级现有的金融发展方式。深化金融改革不能仅仅依靠金融市场规模的扩张,更要优化现有的金融结构,增强金融的效率与质量。为更好地促进市场主体多元化,可准许民营资本进入。民间融资作为正规金融的补充,其灵活的利率定价机制能适用于不同制造业企业特点,有利于金融体系的良性健康发展,让金融更好地服务于中小传统制造业企业。

2. 金融机构要进一步完善中小企业"走出去"的保障体系

第一,银行要创新融资模式、完善服务方案。对于上海传统低端制造业的发展,要进一步创新,安排信贷资源持续投入电子信息、节能环保设备、新能源中小企业客户。通过这些创新,银行将充分运用科技和产业的联合,进一步助力上海传统低端产业结构优化升级,实现客户和银行业务良性互动发展。中低端制造业企业、金融机构,可以充分利用人民银行应收账款融资服务平台功能,开发全流程、高效率的线上应收账款融资模式,降低银企对接成本。鼓励银行业金融机构围绕中低端制造业的产业链和创新链,改进授信评价机制,合理考量制造业企业技术、人才等"软信息",挖掘企业潜在价值。积极拓宽中小型制造业企业的多元化融资渠道,围绕制造业中较多的小微企业、民营企业,提供批量化、规模化、标准化的金融服务。要完善小微企业授信工作尽职免责管理制度,提供长期、市场化、互利多赢的金融保障,激励基层机构和信贷人员支持中小微制造业企业发展。[①]

第二,对接"一带一路"沿线国家的金融体系,保障中小制造业企业"走出去"。"一带一路"沿线国家大多是非发达国家,自身就存在金融发展程度低和资金不足的问题,因此在这些国家和地区投资的中小制造业企业对我国金融系统给予的信贷帮助更为依赖。在推进"一带一路"倡议的实施过程中,包括不同性质银行在内的各类金融机构将逐步建立功能互补、优势特色明显的开放性金融保障体系,进一步拓宽企业海外投融资渠道,走向多元化发展。

3. 健全低端制造业的出口保险体系

第一,保险业要扩大短期出口信用保险规模,加大企业投资保障力度。对于传统低端制造业的发展,要完善对制造业企业"走出去"的支持政策,进一步鼓励扩大短期出口信用保险规模,加大对中小微企业和传统低端制造业企业的保障力度,通过对接上海自由贸易港建设,对港区内传统制造业企业给予更加适宜、便利的保险服务。

第二,设定专项出口投资保险制度,完善海外投资保险机制。中小企业是制造业最具有活力的组成部分,一些中小企业本身的生产率水平较高,能跨过 OFDI 的生产率门槛,但是对外投资风险较大。随着对上海自贸区制造业对外开放领域进一步放宽,制造业领域负面清单将大幅度缩短,民营中小制造企业投资贸易便利化程度也将得到提高。通过设定专项出口投资保险制度,聚焦培育"专精特新"企业,落实优惠扶持保险政策,有利于企业的发展。同时对接"一带一路"沿线国家,保障中小制造业企业"走出去"。"一带一路"沿线国家较多存在一定的政治宗教矛盾,经济、政治、战争等问题发生比较频繁,因此在这些国家和地区投资的中小制造业企业面临的投资风险相对来讲是较大的。完善海外投资

---

① 中华人民共和国工业和信息化部官网.五部门关于金融支持制造强国建设的指导意见[EB/OL].[2017-03-29]. http://www.miit.gov.cn/n1146295/n1652858/n1652930/n3757016/c5552432/content.html.

保险机制,建立海外投资担保体系,对中小企业对外投资提供担保,设立专项对外投资保险制度,可进一步降低海外投资的风险。

4. 向传统制造业开放多层资本市场通道

第一,实施股票发行注册制改革,探索建立多层次资本市场转板机制。积极支持符合条件的优质、成熟传统制造业企业在主板、中小企业板、创业板、全国中小企业股份转让系统和区域性股权交易市场上市融资。同时通过资本市场并购重组,实现行业之间的整合和优化,有利于金融体系的良性健康发展,让金融更好地服务中小传统制造业企业,促进企业做大做强。例如,汽车、钢铁、化工等传统产业积极利用国际国内两个市场,坚持"引进来"与"走出去"相结合开展国内外并购和股权投资,使得制造业辐射能力进一步增强。支持符合条件的传统制造业企业发行公司债、企业债、短期融资券、中期票据、永续票据、定向工具等直接融资工具,拓宽多元化融资渠道,有利于金融体系的良性健康发展。[1]

第二,要支持传统制造业领域的资产证券化。鼓励金融机构使用符合国家产业政策、盈利能力和资产证券化基础的制造业信贷资产,发行信贷资产证券化产品。鼓励制造业企业通过银行间市场发行资产支持票据,以及通过交易所市场进行企业资产证券化,改善企业之间的资金流动性。在依法合规和风险可控的前提下,鼓励符合条件的银行业金融机构稳妥开展不良资产证券化试点,积极拓宽多元化融资渠道。[2]

五、国际制造业转型升级的经验借鉴

(一)"先进制造"与工业互联网共同振兴美国制造业

1. 加大对制造业的投资

在全球金融危机之后,美国为了重振制造业的发展,出台了许多发展战略和计划,如《重振美国制造业框架》《国家制造业创新网络初步设计》《国家制造业以及先进制造业国家战略计划》等,希望能够通过这些战略和计划的实施来推动美国经济的发展,并且可以在激烈的市场竞争中重新走上可持续发展的道路。资本投入是制造业顺利发展的保障之一,尤其是对于技术含量高的制造业。美国智库威尔逊中心发布的《全球先进制造业趋势报告》显示,美国研发投资量位居世界之首,其中3/4投向了制造业。在财税政策上,美国采取财政贴息、税收优惠等激励措施,支持绿色金融发展,坚持区别对待、有扶有控原则。美国不断优化资金支持方向和结构,积极拓展技术密集型和中小型制造业企业的多元化

---

[1] 中华人民共和国工业和信息化部官网. 五部门关于金融支持制造强国建设的指导意见[EB/OL]. [2017-03-29]. http://www.miit.gov.cn/n1146295/n1652858/n1652930/n3757016/c5552432/content.html.

[2] 中华人民共和国工业和信息化部官网. 五部门关于金融支持制造强国建设的指导意见[EB/OL]. [2017-03-29]. http://www.miit.gov.cn/n1146295/n1652858/n1652930/n3757016/c5552432/content.html.

融资渠道。同时,促进制造业结构调整与转型升级,以提高质量和效益。如图2-7所示,美国制造业的增加值自2009年后开始逐步上升。

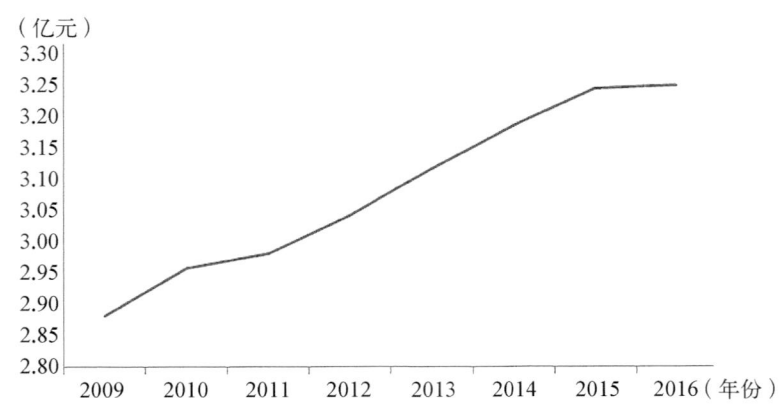

资料来源:世界银行数据库。

图2-7 美国制造业增加值(不变价美元)

建立产业投资基金,发挥财政资金的杠杆放大作用,并且通过有效引导资本投向,提高财政资金使用效益和资源配置效率,为实体经济发展提供资金保障。2017年,苹果公司正在推进其在美国的一只大型投资基金,该基金的规模高达10亿美元,用于扶持美国先进制造业。苹果公司将第一笔先进制造业基金投给了知名移动设备屏幕供应商康宁公司,数额为2亿美元,提高了该企业的技术与管理创新能力。①

2. "创新研究所"与"工业互联网"联动下的科技创新

2012年3月,时任美国总统奥巴马在"国家制造业创新网络"倡议中提出建立15家专注于不同领域的"制造业创新研究所",并在一年后又将目标数字提升到了45家。这些创新研究所作为一个个区域制造业创新中心,各自集中于最前沿的技术优势探索,并通过共享先进的研发设备,帮助其他中小企业应用最新制造工艺。而由通用电气主导的"工业互联网"革命也如火如荼地进行着,工业互联网通过信息化手段为工具,专注于工业制造企业的全生态链的智能转型升级,从而在资产管理、运营控制等方面完成提升效率、降低成本等优化任务。"工业互联网"革命的最终落脚点在于通过资产管理、运营控制的优化实现产能转型,当诸如传感器一类核心部件的成本下降,数据存储和分析能力会进一步提升,机器将更为智能化。"创新研究所"的驱动力使工业领域硬技术在原有基础上得到进一步深耕,而"工业互联网"通过网络大数据对工业领域服务方式进行变革,美国制造业的软实力由此实现进一步提升。

---

① 华尔街见闻.美国版"政治正确":苹果10亿美元扶持美国制造业[EB/OL]. http://usstock.jrj.com.cn/2017/12/15032623795322.shtml.

3. 制造业背后的金融支持

众所周知,美国拥有全球最成熟的金融市场体系,这一特有的金融支持优势使得大批初创高新技术企业可以轻而易举地在资本市场获取稳定的研发资金。自20世纪80年代以来,苹果、微软以及戴尔等一批以高新技术作为核心竞争力的科技企业,通过股票、基金等各种融资市场迅速崛起,实现企业变革及全球化扩张。在金融市场的支持下,计算机通信、生物工程等高新企业迅速发展的同时,技术反作用于资本,使得内在技术含量得以提升,资本利用率进一步优化,实现双向良性循环互动。与此同时,美国推动高端技术装备、智能制造装备、节能和新能源装备等制造业融资租赁债权资产证券化,拓宽了制造业融资租赁机构资金来源,更好地服务于企业技术的升级改造。美国完善的债券市场、较为合理的期限结构、品种繁多的债券,促进了债券收益率市场化,从而形成一个有效的基准收益率曲线,改善了制造业企业的融资结构。

20世纪90年代,国际机械工程厂商都认识到了融资的重要性,卡特彼勒公司也不例外。2008年该公司将自己的金融服务部门独立出来,成立了专门的金融服务公司,在资本市场获取稳定的研发资金,业务快速成长,助推其业绩增长,1991—2009年该公司金融服务收入增加了8.2倍,年均复合增长率达到13%,而同期公司总收入增加了2.2倍,年均复合增长率为7%。[①]

(二)基础产业与高端制造同步发展以稳固"日本制造"地位

1. 国家主导制造业升级

20世纪70—80年代,欧美等国热衷于发展新兴的信息技术产业及军事技术,而将制造业定位为夕阳产业,计划向亚非国家进行产业转移,此时的日本则依旧看重制造业对其经济增长的持久动力,致力于制造技术的研发与应用,最终动摇了美国在全球制造领域技术的领先地位。在相关部门和知名企业的合力推动下,日本政府制定了《振兴制造业法规》,明确制造业的发展是支持日本持续发展的基础。为促进国民经济的持续发展,日本政府推出了《国家产业技术战略》,该战略结合日本经济发展的各个方面确立了发展目标及有效的应对措施。这一战略的核心主要是研发先进的制造技术,包括电子技术、半导体制造加工技术、装备制造技术、同步加速器制造技术等。

日本国内产业资金的一条重要渠道是政府的"直接援助"。结合本地情况,日本政府制定了完善的传统制造业绿色改造升级规划,选定重点传统制造业建立绿色转型引导基金、担保基金和风险补偿基金,增强传统产业绿色改造转型项目对金融资源的吸引力;建立绿色改造升级项目库,研究制定实施方案和配套政策,为绿色金融对接提供基础。可见,日本政府是通过直接投资和低息贷款来促进国家主导产业的发展。日本财政投融资

---

① 华尔街见闻. 美国制造业转型案例分析[EB/OL]. http://baijiahao.baidu.com/s?id=1587128813936488571&wfr=spider&for=pc.

的资金主要来源于国内养老金、国民年金剩余资金、政府担保国债等。2016年日本制造业占同年国民生产总值(GDP)的比重已超过21%(见图2-8)。

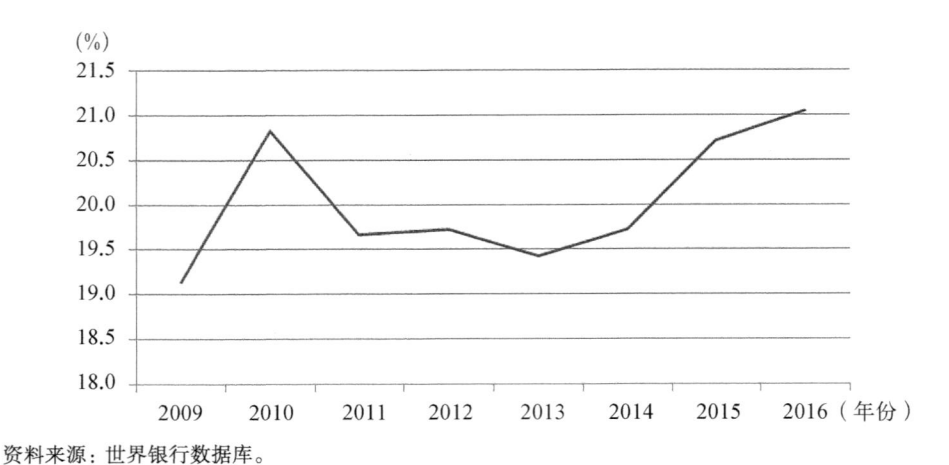

资料来源：世界银行数据库。

图2-8 日本制造业占同年GDP

2. 日本在制造业方面特别注重基础技术的加强

1999年日本政府起草了《振兴制造业基础技术基本法》，该基本法任务产品的设计、制造是支持日本发展的基础。2000年日本制定了《国家产业技术战略》，该战略提出的目的主要是为生物、信息通信、机械、化学、能源、材料、航空航天等13个产业部门确定未来的发展目标，从而推动日本制造业的发展。2013年日本政府推出了日版的"工业4.0"，即"工业4.1J"战略。该战略是由德国"工业4.0"为代表的第四次工业革命发展而来的，其中"4.1"表示比"工业4.0"的级别要高一级，而"J"则表示该项战略出自日本(英文Japan的首字母)。"工业4.1"旨在运用远程信息技术将分落在全球各处的工业区域进行联结，从而完成资产安全控制、耗损品采购等综合集成操作。其中，较为广泛的运用则为利用云端监控模拟实际生产情况，通过与实际生产情况的对比来控制现场生产环境。[①]

日本中小企业的成功归功于高度的专注。为了区别于大公司，小企业通常专注于高附加值、非标准、定制化的产品。日本经济产业省指定了17项特定制造业基础技术，包括模具技术、锻造技术、动力传导技术等，都是影响制造业竞争力的关键技术，而它们全部掌握在中小企业手上。这种中小企业的内部组织一般都简单、扁平化，与复杂的管理制度相比，企业家更看重和谐的人际关系。正是在这样的环境中，人的潜力得到了极大的发挥。

3. 先进制造与市场结合

日本作为掌握机器人产业前沿技术的国家，非常注重将先进的机器人技术与实际的市场需求相结合，从而在制造业助力服务业发展的过程中二者能相互补充和促进。制造

---

① 李妍. 全球"工业4.0"最新进展及其对广东制造业转型升级的启示[J]. 广东科技, 2017, 26(3): 31-35.

业转型的关键其实是从"制造业"向"服务业"思维的转变,原先制造业重点是售前的买卖服务,如今的重点是售后的增值服务,以前制造业的关键是研发生产能力,今后的关键则是运营和用户能力。

2015年日本政府提出"机器人革命"战略,将针对医疗、农业、护理等劳动力资源日渐匮乏的领域进行计划性技术投放,增加各类符合实际市场需求的机器人。在日本政府的组织下,数百家企业参与了机器人引进业务的洽谈。

(三)"高品质制造"重振德国

1. 坚持高品质路线

德国制造业有一大批"隐形冠军",只生产单一且相对专业化的产品,标准、精密、耐用成为德国产品的代名词,其产品也是全球化时代信誉与质量的象征。德国企业制造注重产品质量,主要是由其本民族长久以来一丝不苟的日耳曼人文化特质所决定的,高标准、高质量已经积淀为德国人一种民族性格,并且德国人将这种负责任的、严谨的精神发展到企业中去,成为德国企业文化的巨大名牌。

2009—2017年,德国制造业在出口份额上一直保有较高的占有率,并且逐年上升,在金融危机之后的工业恢复期中,更是逐步攀升接近85%(见图2-9)。可见,德国注重高品质,打造名牌战略是一个正确的方向。长期以来,德国制造业出口量超过全国同年出口的2/3,尤其体现在汽车、机械、化工产品、电子和光学产品等高新行业,同时在钢铁、食品、饮料等传统行业上的表现也是佼佼者。

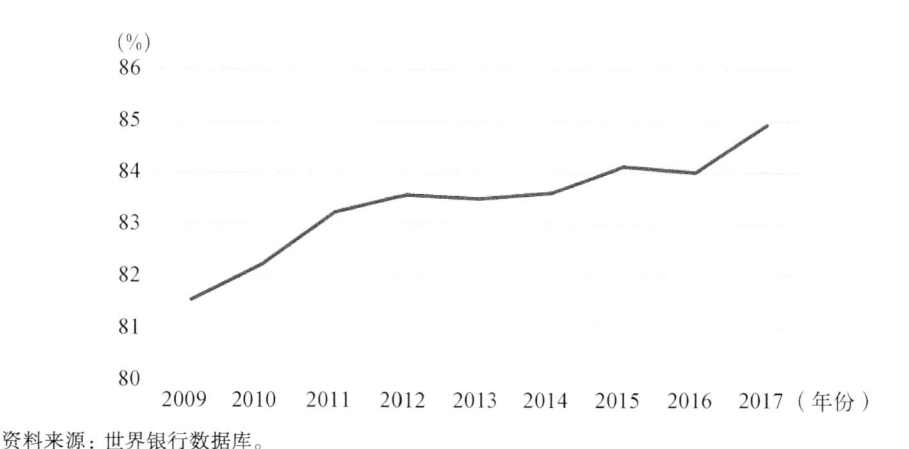

资料来源:世界银行数据库。

图2-9 德国制造业占同年出口额比重

2. 实现创新传统之上的创新集聚

所谓创新传统,即加大对汽车、机械、装备等制造行业的研发投入,而创新集聚指由各企业设立的研发中心、高校以及科研机构等共同组成的开放式创新网络,依据其各自特有的优势条件分处不同的工作链条环节。在该种模式下,从事专业生产作业的机器设备可以将实时生产情况共享于互联网,根据全局的数据信息自主选择适宜的生产模式,进而实现相比传统模式更为灵活、效率更佳的生产模式。此外,这类经由创新集聚设计完成的智能制造模式还能同时完成不同标准的产品设计、零部件构成、产品订单、生产计划、制造、物流配送等作业,最大程度上避免整个价值链环中出现浪费。像德国这种智能制造方式,其制造方案可以依据消费者的需求及喜好在生产过程中随时随地、随心所欲地调整,相比传统的生产制造模式而言,能给消费者带来更好的优质产品与服务体验。德国中小企业的成功归功于高度的创新和研发。与大型企业相比,小企业会更加专注于高附加值、非标准、定制化的产品,通过成立联合研究机构,实现资源共享并降低研发成本,这些都是影响制造业竞争力的关键技术。

近年来,德国依托创新驱动战略,在难民危机和欧债危机的双重影响下,仍然保持较好的发展态势。在德国有一家名为 GENIUS 的专门研发消防新材料的创新型企业,这家企业非常小,只有 12 名员工。但是该企业研发的新材料已通过德国联邦材料研究和测试研究所审核,成为 2011 年德国推荐的创新项目之一,成功体现了在传统之上的创新集聚。[1]

3. 全能银行为制造业提供全面金融服务

作为全能银行的发源地,德国将传统银行业务与证券、金融衍生品、保险和其他金融业务结合为一体,针对制造业进行实体投资,解决了许多制造业企业在发展初期自有资金不足的问题。在该种注资模式下,银行突破了普通债权人的身份,往往以制造业企业股东的身份直接进入企业的生产经营管理,企业与银行之间的信息不对称问题在很大程度上得以解决。银行结合未来生产及研发的企业计划,可以给出最为适合的融资方案,并将自身在金融领域的专业知识进行有效传递。

全能银行的创新融资模式凭借其完善的服务方案能够合理地安排信贷资源投向中小型企业客户,以及电子信息、节能环保设备、新能源行业。通过不断尝试和努力,银行将充分把握科技和产业机遇,进一步助力传统低端产业结构优化升级,实现客户和银行业务良性互动发展。中低端制造业企业、金融机构可充分利用银行应收账款融资服务平台功能,开发全流程、高效率的线上应收账款融资模式,降低银企对接成本。

(四)"国际金融中心建设"助力三大都市制造业

国际金融中心可以吸引高质量人才流入,为制造业发展提供高精尖人才。国际金融中心所提供的发展机遇与成长平台对高精尖人才有着其他地区不可比拟的吸引力,全球大量的高端人才集中于国际金融中心(如纽约、伦敦与东京等地),为高端制造业的创新发展提供了源源不断的人才供给。通过与纽约、伦敦、东京等大都市比较(包括与自身历史数据比较)可以发现,上海在人口增长速度上显然有明显的差距,尤其 2000 年以后,常

---

[1] 田园. 创新推动德国制造业发展[N]. 光明日报,2016 - 06 - 06(12).

住人口规模曲线与户籍人口规模曲线的偏离趋势正变得越来越大。截至2016年,金融业上海从业人员为36.42万人,仅占上海市各行业从业人员总数的2.6%。可见,上海市金融服务业人力资源仍较为紧缺,人口的规模控制不利于人才,尤其是新型创新性人才的集聚。因此,在吸引高精尖人才方面,上海仍要积极学习其他大都市的经验,在产学研一体化上多给予政策支持,对金融服务与制造业给予更多的便利。

发达的金融环境将会带来便捷的融资渠道,为制造业向高端化发展提供资金便利。纽约、伦敦和东京具有发达的金融市场。在自由的金融市场上,制造业企业能够获得的融资渠道更丰富、融资更便捷、融资成本更低并且融资规模更大。制造业总部承担着公司战略决策和财务决策等职能,因此更多制造业公司总部都集聚在国际金融中心。第22期全球金融中心指数(GFCI22)显示,上海首次进入前十,综合排名第六,国内综合排名第一,并且在营商环境、人力资源、基础设施、金融业发展水平方面,与新加坡的差距显著缩小。截至2016年末,上海金融业单位数已达1 473家,新增43家(见表2-11),其中上证交易额达2 838 724.4亿元,较上年增长175 033.63亿元,表明上海在金融机构和金融市场规模方面都在不断扩大。这在一定程度上有利于上海制造业发挥金融便利优势,解决融资难的困境,从而加快上海制造业的腾飞。

表2-11　　　　　　　　2014—2016年上海市金融业单位数　　　　　　　单位:家

指标	2014年	2015年	2016年
金融业单位数	1 336	1 430	1 473
货币金融	601	618	622
资本市场	292	350	382
保险业	363	382	386
外资金融单位数	216	230	242

资料来源:全球金融中心指数(第22期)。

完善金融市场和自由市场竞争机制助力资源优化配置。纽约、东京、巴黎等国际大都市通过优化金融资源配置,建立了多层次的产业体系。由于生产成本不同,形成了不同的生产布局。这些大都市的总部、综合部门以及营业部门根据其业务属性差别分布在城市的内环核心地区以及近郊地区。纽约、伦敦和东京的基础设施良好,因而有利于制造业与金融的深度融合,如伦敦在社会治理和公共生活服务上投入了大量的财政资金作为支撑,城内交通便利程度大大改善了制造业的运输。第二次世界大战后,东京作为日本首屈一指的行政中心,其便利的交通和完善健全的公共基础设施使得一大批企业争相涌入,从而推动了东京制造业的进一步发展。另外从货币国际化程度来看,一国的货币国际使用程度和综合信誉往往与一国综合实力相关,第二次世界大战前,英镑的国际化(即作为世界货币的属性)直接推动了伦敦成为国际金融中心。随着20世纪70年代日元国际化的强劲发展,也同样助推了东京发展成为国际金融中心。更不用说美元的国际化程度,直接使得纽约迅速发展为世界级金融中心,其各类交易所和金融机构吸引着一大批先进制造业进驻纽约。

金融服务业与先进制造业协调发展,优化城市发展布局。2008年金融危机以来,以纽约、伦敦、东京等为代表的国际金融中心遭受到了一定程度的冲击,从而引起人们重新审视城市中制造业的地位和作用。回顾历史,英国、西班牙等19世纪强国最终都是因为制造业的衰退而导致一定程度上的经济倒退,国家发展出现了停滞。虽然大都市的发展历程证实了第三产业替代第二产业、从制造业中心向服务中心演进的整体趋势,但是城市的发展不仅仅是总量变化的过程,更是结构优化的过程。比如以东京为代表的国际大都市,尽管制造业比重在下滑,但如今已逐渐稳定,制造业与服务业的结构更趋于健康发展。与本国其他城市相比,东京制造业占比依然较高,仍是日本制造业最发达的城市之一。东京以仅占日本0.56%的土地面积,集中了日本9%的制造业产值,东京制造业占国民生产总值的比重自2000年后逐渐趋于稳定。另外以纽约、伦敦为代表的城市,制造业比例同样也在不断下滑,但对经济总量的贡献仍然占较大比例。目前,纽约工业部门每年仍然为纽约市贡献约17亿美元的税收收入,仍是世界的服装中心。以2016年为例,纽约营业收入高达150亿美元,其中每年两次的时装周活动更是直接带动全世界23.2万人参与,直接产生5.32亿美元消费,全年所产生的经济效益达8.65亿美元。自金融危机后,各国都在出台措施鼓励制造业发展,纽约市的《多元化城市:纽约市经济多样化项目》报告中就强调重点发展时装产业、制造与分销业等。

综上所述,作为国际金融中心城市,制造业等实体经济的多元化发展必不可少,从某种程度上来说是互补的,制造业和服务业的共同发展可以有效地减缓经济周期的波动性冲击。

六、金融创新助力"上海制造"转型升级的对策与建议

(一)以"扩大开放100条"之金融举措为基础,营造良好氛围

1. 金融创新助力推动上海先进制造业的发展

上海要重振制造业,建设具有全球影响力的科创中心,需要通过科技创新,从传统制造向工业化、信息化融合的高端制造业转型升级。在资本流向方面,上海应优化市场投资结构,引导资本流向先进制造业,先进制造可以有效发挥上海在技术、人才等方面的基础优势,确立上海新的产业竞争优势。先进制造是新的国际产业发展制高点,是新一轮国际产业竞争的核心领域。

因此,当前一要注重科创引领,以科创走廊为载体,打造上海科创中心的重要承载区,

通过对接上海国际金融中心,大力发展科技金融,为上海形成全国科创中心提供金融支撑;上海市政府部门也应发挥积极作用,适当加大对先进制造企业的财政投入,并且给予适当补贴。二要注重加强产业发展统筹,守住项目准入关,大力扶持前景好、科技含量高及附加值高的企业和具有国际先进水平的高新制造业,推动形成规模产业;上海商业银行、金融机构等应大力加强对先进制造业的支撑力度。三要坚持走创新驱动、品牌引领、集约高效的发展之路,突破关键技术和核心零部件,全面提升极限制造、精密制造和成套制造能力,打造一批具有国际竞争力的企业、品牌和产品,提升上海制造业在全球价值链、产业链、创新链的影响力。

2. 金融创新助力加快上海智能化产业的发展步伐

当前,上海市土地、环境等生产要素客观上面临瓶颈制约,若能将智能化产业进行充分发展,则可以开辟一条适合制造业发展的高速通道。在智能产业发展研发活动中,需要有稳定持续的资金流对其进行保障。此时,优化金融支撑体系就成为解决上海科技创新发展中融资瓶颈的关键。一是要进一步扩大政策性金融的引领功能。对于需要金融政策扶持的中小科技创新企业,可以在提供专项扶持基金的同时,联动财政部门出台相关税收优惠政策,如将本年度科研经费以一定比例抵缴当年应缴税费等,以此鼓励科技创新企业积极投入生产研发。二是通过商业银行为民间资本设立投资专项科创基金投资渠道。由于民间资本缺乏有效的投资监管和引导,投融资渠道的发展存在着许多不足,无法直接对接存在资金需求的中小型科技创新企业;而商业银行又由于监管政策的限制以及自身对风险控制的严格把控,使得多数存在资金需求的中小型科技创新企业因信用资质等问题被拒之门外。因此,可以将商业银行作为媒介,开放科技创新投资专项基金,以合理有效的渠道实现对民间资本的充分调动及利用,进而满足中小型科技创新企业的资金需求。三是制造业增加值占全市生产总值比重力争保持在25%左右。这是近年来上海首次明确要求制造业增加值的比例,该新指标在"十三五"规划期间被提出,25%应该是上海代表中国参与全球竞争的高端智能制造。未来上海市制造业将从应用示范引领、系统集成能力提升、关键技术装备突破与功能型平台建设等方面积极营造适合智能制造发展的良好生态,打造智能制造应用的高地和核心技术源泉。

3. 金融创新助力战略性新兴产业的技术创新

2017年1月25日,国家发改委发布一号公告列出战略性新兴产业的重点产品及服务指导目录。之所以将新一代信息技术产业、高端装备制造产业以及新材料产业等领域列为国家经济发展的战略性产业,是因为这些产业以其科技创新的特点在未来国民经济和产业结构调整中将发挥巨大作用,但战略性新兴产业在研发与技术升级阶段均需要大量的资金支持。

针对上海当前战略性新兴技术产业企业所处生命周期的不同,应在金融市场自主调节的基础之上,分别给予适合企业发展需要的金融扶持政策,充分发挥政府的金融引导功能,将战略性新兴产业面临的资金缺口问题融入多层次的资本市场中。此外,还可将创业板、风险投资等投融资平台的资金募集功能积极利用起来,形成一个具有多层次渠道和专业化公共服务机制的战略性新兴产业金融支持投融资平台。

第一,完善法律环境和政策配套措施。法律环境和政策措施是金融助力战略性新兴产业转型发展的必要环境条件。在这一方面,国外已有相关经验可以提供借鉴,如1975年美国颁布的《公平信贷机会法》,该法规定商业借贷机构对申请贷款创办企业的个人或规模较小的借款企业不得实行歧视性政策。除美国以外,也有其他一些国家的经验同样可以证明法律环境及政策措施对金融助力战略性新兴产业转型发展的影响。金融措施作为一个高风险的经济行为,使得投资者不得不对投资对象采取相当谨慎的投资态度,而这一谨慎的投资态度在相当程度上掣肘着战略性新兴产业的快速发展。当政府为投资者提供了高安全度的法律环境与配套政策时,投资者的投资意愿也将随之大幅提升。

第二,搭建多层次的风险投资市场。完善的法律环境和配套政策是金融支持战略性新兴产业的前提基础,当基础完成,下一步则需要建立金融措施进入战略性新兴产业的各个投资发展模式。由于各国经济文化差异以及金融系统的差异,存在多种风险投资发展模式,如以私人风险投资为主体的美国模式,如以附属于金融机构、企业集团的风险投资机构为主体的日德模式。不同国家的风险投资市场发展特点、规模、历程、投资方向、投资对象的发展阶段、退出方式都具有各个国家的特色,它们在促进金融创新助力战略性新兴产业的发展过程中都发挥着重要作用。除传统的主板市场、创业板市场及其他场外市场之外,还可以设置针对战略性新兴产业的信用担保机构,为知识产权、技术专利等无形资产设立融资渠道。

4. 金融创新助力传统优势制造业

诚然,实现上海制造业转型升级的一大重要落脚点在于通过发展高新技术产业,凭借高新技术突破现有生产要素对经济发展的局限性,但这并不意味着可以放弃传统的低端制造业。在美国,伴随着特朗普上台之后大力推行"制造业回归美国"口号的是严苛的国家税收政策,相比奥巴马政府而言,特朗普政府采取的企业税收政策迫使越来越多的海外制造业企业不得不考虑重返美国本土发展。尽管低端制造业在生产总值的增量上远不如高新制造业的贡献显著,但其提供的就业效应着实可观。据悉,在特朗普政府一系列税收措施的影响下,当前美国的失业率已降至3.9%的较低水平。反观上海就业市场,由于劳动力市场成本的不断上升,原有的劳动力优势已不再显著,此时如果放任低端制造业的流逝,将在一定程度上对上海就业率造成影响,而就业率的不稳定势必会反作用于经济形势的健康良好发展。因此,上海有必要采取金融扶持措施助力传统制造业保持原有优势的同时,不断进行技术创新。

完成传统制造业的优势升级任务,其本质是将传统制造业从原先的要素驱动型转换为不再依赖生产要素的技术驱动型。在这其中,一方面需要拓宽企业的融资渠道,针对传统制造业研发资金相比高新技术产业较少的特点,在积极引入外国投资的同时,可以考虑引入国内投资;另一方面,传统制造企业的转型发展也离不开上海财政政策的支持,对于积极开展传统业务转型升级的企业,上海市政府可以在财政上给予专项的补贴资金,助力企业完成技术革新。

5. 打造吸引高端人才的政策环境

先进制造业的快速发展离不开尖端人才的突破,对于高新制造业发展所需的人才来说,一类是管理方面的人才。该类人才需同时具备系统思维和创新思维,在完成制造业企业生产管理的同时,也要管理新时期下的高端人才,这样就对管理者的水平提出了很高的要求。针对人才队伍高端转型要求的系统化培训正是为了迎合企业面临"工业4.0"时代工业化、信息化快速发展的要求。另一类是技术方面的人才。上海所面临的局面一直是机遇与挑战并存。对于上海来说,制造业要在经济新常态的时代背景下完成国家的战略重点和优势产业发展任务,就非常有必要向国际先进制造业学习创新驱动、智能转型、强化基础及绿色发展,这就要求企业在新常态的经济模式下重新思考企业人才队伍的发展与转型。

上海作为拥有4所985高校以及23所国家级重点实验室的知识人才密集城市,本身是拥有着非常优越的人才优势,在加快制造业转型升级的过程中,积极吸引外部尖端人才集聚上海的同时,也要充分调动上海高校、科研院所、相关企业组建跨领域先进制造业技术创新联盟,打破壁垒,树立正确的人才观念。制造业的创新变革中,人才战略是核心。人才能力建设更是人才战略的主要组成部分。在秉持开放思想的同时,还要拓宽人才引入及使用渠道,以科学的人才分类管理制度保障人才获取应有的良好待遇,细化明确的人才评价及激励机制,充分调动战略人才的专长和优势并使其充分发挥,最终实现先进制造与上海科创中心的联动作用,促进上海制造转型升级。

(二) 分行业、分阶段拓展"FT账户"功能,服务上海高新技术产业"二次技术创新"

1. 上海高新技术产业"二次技术创新"的融资瓶颈

根据上海市科委公布的《2017年度上海市第二批拟认定高新技术企业名单》,共有2 323家高新技术企业入选。[①] 2017年上海市高新技术企业申请发明专利共计28 539项,同比增长18.56%,占上海市当年发明专利申请量的52.17%。当前上海高新技术企业需以"金融助研发,研发助升级"为目标,以"金融开放与创新"为契机,借助拓展FT账户功能,减少融资环节,放宽跨境资本流动限制,增强自身的核心竞争力。

上海高新技术产业的发展是加快上海制造业"战略性调整"的必由之路。近年来,上海市高新技术产业呈现出高速发展的态势,其中2017年制造业增加值为2 262.64亿元,

---

① 负面清单 第一张按照国际惯例编制的金融服务业对外开放的清单[J]. 新民周刊,2018(14): 36.

同比增长8.1%。① 2018年相关数据显示,高新技术产业正成为上海各区制造业驱动增长和提升竞争力的主要源泉。上海嘉定区以"四高四新"产业引领增长,四大新兴产业产值2018年同比增长27.9%,快于战略性新兴产业的18%和规模以上工业的10.9%。但在高速发展的同时,"企业规模小、经费倒挂、甘蔗两头甜"等问题一直困扰上海高新技术企业"二次技术创新"。具体分析如下:

一是企业规模小。在上海高新企业中,普遍都是最近十年注册的,特别是2005年以后信息技术和科研服务超过了制造业,企业的平均规模变得越来越小。

二是经费倒挂。外企的高新技术产值占上海总产值的92%,国有产值占比不到1.5%,一旦响应美国政府提出的"制造业回归计划",势必造成上海高新技术产业的"空心化",每年上海大中型工业企业都会投入巨额经费用于技术引进,相比之下,用于消化吸收的经费支出却低得多。经费倒挂抑制了上海高新技术产业"二次技术创新",难以获得高端产业的核心技术。

三是"甘蔗只有两头甜"。高新企业在创业阶段有创业基金支持,上市以后可以获得融资。但是随着企业的成长,当进入企业"二次技术创新"阶段时,原有融资方式的单一性限制了高新技术企业对于技术设备与人才资源的获取,导致企业研发投入遇到障碍,并且造成研发科技成果无法转化,使企业陷入僵局。

2. "FT账户"跨境融资助力上海高新技术产业

"FT账户"作为自由贸易专用的"分账核算体系",本质是构建一个"电子围栏式"的金融环境,并在其中接入企业于自由贸易账户下具有不同货币类型和不同业务类别的子账户。本币与外币不同账户系统之间的业务规则高度统一,不仅可以实现跨境投资和汇兑便利化,促进资本项目可兑换,而且更有利于扩大人民币跨境的使用范围,减少汇兑过程中的成本与风险,同时有效防止自由贸易账户与境内非自由贸易账户之间的风险渗透,有利于跨境资本流动的风险控制。②

目前"FT账户"已经具有了初步的发展,其范围由最初的自贸区内主体和境外机构,逐步延伸至全市范围,符合相关条件并有申请意愿的高新科技企业均可自主申请设立自由贸易账户。公开数据显示,截至2017年12月底,上海自贸试验区累计共有56家金融机构通过分账核算系统验收,开立7.02万个"FT账户",账户内资金余额为2 176亿元,累计融资总额为1.1万亿元。③ 例如,中国银行上海分行作为中资联合牵头行与簿记行,同巴克莱、JP摩根、花旗等7家著名外资银行一起组建国际银团;利用"FT账户"向美国凯

---

① 上海市统计局,国家统计局上海调查总队. 2017年上海市国民经济和社会发展统计公报[J]. 统计科学与实践,2018(3):11-21.

② 中华人民共和国商务部. 关于金融支持中国(上海)自由贸易试验区建设的意见[EB/OL]. [2014-02-10]. http://www.mofcom.gov.cn/article/b/g/201402/20140200482605.shtml.

③ 负面清单 第一张按照国际惯例编制的金融服务业对外开放清单[J]. 新民周刊,2018(14):36.

雷投资基金开展跨境结构融资;完成了对全球知名的跨国供应商安美特公司的收购工作。

然而,"FT账户"功能拓展还存在一定的局限性,如行业优惠不够细分、企业发展阶段没有区分,并且对高新技术小微企业没有政策倾斜。民用飞机制造业、通信设备这些研发投入多的战略性新兴产业虽然在开展跨境融资租赁业务上取得了成绩,如中国飞机租赁集团在中国建设银行上海分行与浦发银行上海分行两家商业银行的协助下,获得了为期12年的8 000万美元融资,用于该公司与境外某航空公司开展的融资租赁业务。[①] 但对于涉及高端装备、新材料及生物医药等制造业战略重点领域的项目工程,上海市政府尚未根据行业特点在技术创新阶段提供更大力度的政策支持。

3. "FT账户"服务高企"二次技术创新"

伴随着"FT账户"的开立,越来越多的企业从中受益,给上海金融经济注入活力。然而,由于高新技术企业面临技术创新的需求,使得上海的金融体制与"FT账户"面临着更新的要求,即为高新技术企业的发展提供多维度的发展平台,如分行业(战略性行业)、分阶段(二次技术创新)。"FT账户"功能还有待进一步开拓,具体可参考以下五点建议。

一是设立重大工程"FT账户"金融服务便捷通道。对于涉及高端装备、新材料及生物医药等制造业战略重点领域的项目工程,提供更大力度的政策支持,鼓励金融机构针对上述产业进行专项金融需求对接,金融机构管理层需从战略认知、体制机制、组织架构等方面综合施策,强化金融产品与服务创新。处于不同发展阶段的高新技术企业对资金需求是不同的,将各类金融机构如基金公司、商业银行、保险公司等进行组合,使其优势相互结合,可以最大限度发挥金融服务作用。

二是设立嵌入式"FT账户"引导服务小组。鼓励相关企业与金融机构以"FT账户"为媒介,加强与海外产业基金和投资基金的合作,发挥"FT账户"在技术创新升级以及科技成果转化的引领作用,加强产业基础设施能力,通过优化融资与交易结构设计实现制造业创新融资的风险控制。以嵌入式服务介入高新技术企业的投融资全过程,提供包括财务及投融资咨询等服务以支持制造业技术创新的金融需求。引导服务小组组建的同时应注意以下两点:(1)实行专职团队制度。杜绝以兼职人员成立相关机构的形式工作,以系统化的人员结构向相关企业提供"FT账户"服务,最大限度避免由于人力资源不足造成的金融服务支持短缺现象。(2)以项目制形式运营。实施任务量化评估机制,完善金融监管问责制度,确保小组提供高效、便捷的金融服务。

三是开立小微企业"FT公共账户"。对于以个体资质申请"FT账户"受限的小微企业,可按细分行业建立"FT公共账户",最大限度地落实对科技创新型、创业型小微企业的金融服务工作。通过统一的账户管理工作,在控制金融风险的同时,满足自主创新型中小

---

① 搜狐网.上海自贸区金融创新如火如荼,15项案例覆盖多个领域,这些创新可不是盖的[EB/OL].[2017-10-12].https://www.sohu.com/a/197730694_119666.

企业境外融资需求。

四是引导有条件的企业通过"FT账户"发行公司债券。利用"FT账户"的便利性,鼓励高新技术企业探索和发行技术研发专项债券,由政府金融办牵头,以人民银行为主导,使具备境外发行资质的第三方服务机构开展境外融资,凭借更低的融资成本获取更为灵活的资金支持。

五是建立"FT账户"专属的企业信用评级机制。作为一项高风险投资活动,金融机构对于高新技术企业的融资行为,其决策相当程度上依赖于对目标企业项目的信息掌握程度。通过建立"FT账户"专属的信用评级机制,可打造更为透明的投资环境,有助于境内外投资者与被投资企业间实现信息对称,减少双方的信任成本。同时,对于企业信用等级的不同,可以分别给予信用风险政策补偿,进一步降低投资者投资风险,实现境内外资金的充分动员。

4. 利用金融科技的发展促进制造业弯道超车

针对上海制造业在金融服务方面存在的问题与不足,为了充分利用金融科技的发展促进制造业转型升级,下文将从三个方面提出建议。

一是促进金融科技资源集聚,推动制造业进一步发展。一方面,关于金融资源集聚对于制造业的影响,众多学者已经通过实证研究证明科技金融有利于促进制造业的结构升级;另一方面,上海作为金融中心具有发展科技金融的先天优势,让制造业有了发展的契机。金融集聚必然会促进金融市场的发展和金融体制的进一步完善,美国硅谷就是通过金融集聚效应发展成为一个相对完善的金融服务机构。相应的上海可以借鉴此种发展经验促进金融集聚,并形成良好的金融服务市场,为制造业提供适合的金融服务。例如,可以通过智能客服为企业提供金融服务咨询,解决制造业企业关于金融政策和金融支持的疑问,使得信息更加对称;利用高效的支付清算系统为制造业节约信贷等方面的时间成本和资金成本。

二是加大科研投入,促进企业技术创新。上海最近推出的"进一步扩大开放100条举措"中,提出要着力扩大先进制造业开放。[①] 借助国家扩大开放汽车、飞机、船舶等产业的契机,提升制造业产业能级,全力打响"上海制造"品牌。由此可解决企业自身创新能力不足的问题,促进企业技术创新,提高企业生产效率,使得制造业和服务业向产业链高端发展势在必行。上海的制造业已经显现出诸多问题,单纯依靠引进技术和专利已经不能适应当下的竞争环境,依靠劳动力参与国际分工也不再具有可持续发展的意义,此时金融科技的助力难以发挥出它应有的作用。因此,加大企业的研发投入,加速研发资本的积累,提高企业技术与管理的创新能力成为制造业转型升级的关键。

三是提供信贷优惠,创新金融产品。首先利用大数据进行风险控制,优化商业银行信

---

① 新华网. 上海:"扩大开放100条"为发展赢得新机遇[EB/OL]. [2018 - 07 - 12]. http://www.xinhuanet.com/2018 - 07/12/c_1123113320.htm.

贷投放机制，为制造业提供信贷优惠。据统计，通过对制造业的信贷优惠措施,江苏省于2017年前11个月的制造业总产值同比增长14%,利润同比增长18%。与江苏类似的上海，在制造业方面给予信贷优惠也能带来良好的效果。其次加大对"中国制造2025"重点领域制造业转型升级的支持力度,发展与制造业转型升级相关的绿色金融、战略性新兴产业金融,允许银行进一步提高对先进制造业不良贷款的容忍度,适度放宽对先进制造业贷款的风险权重,使得制造业取得贷款更为便捷。最后创新金融产品,如江苏银行创新推出国内第一个全部依靠线上物联网来控制动产的质押业务,可以实时获取企业质押品的相关信息,精确的解决动产质押信息不完全的问题,线上操作可为制造业提供更加安全、高效的融资服务。此外,江苏省还创新打造了综合的金融服务模式,推出票据"区块链"跨行贴现业务,缩短结算周期,降低交易成本。上海也可以借鉴此类金融产品的职能,并且结合上海制造业特色创新金融产品。

（三）强化长三角一体化示范区金融协同机制,打造国际高端制造业基地

1. 长三角一体化示范区制造业的分布及局限性

把长三角一体化发展上升为国家战略,意味着以上海为中心的区域金融合作机制将带动高端制造业在现代化经济体系中担当主力军。金融促进制造业集聚,上海未来将引领一个世界级先进制造业集群,辐射带动浙江、江苏的制造业发展。2000年以来,国际加工制造企业纷纷在长三角地区投资设厂,全球制造业基地逐步形成。一体化示范区制造业集聚了包括量子通信、北斗导航、集成电路、航空航天等国家重大战略性产业,以及5G通信、人工智能、基因工程等国际领先的前沿产业,"国际化和前瞻性"是一体化示范区产业集聚的重要导向。当然,高端产业发展所需的金融一体化也是必不可少的。[1]

打造国际制造业集聚基地,首先要解决当前长三角制造业一体化的短板。其主要突出问题有以下三点。

首先是制造业产业协同力度不足。江浙沪地区包括16个城市,其中14个城市以互联网科技集成电子装配为产业收入来源,造成企业之间的厮杀惨烈。如何解决制造业同质化的难题,重点在于整个长三角示范区重点产业的合理布局。应推动龙头企业跨区域战略布局,如上汽集团EP22纯电动乘用车生产线在浦口基地投产,华虹无锡（一期）项目开工建设,已经开始建造的中芯国际绍兴项目主要集中在芜湖、绍兴等地。[2]

其次是制造业集聚中心跨界不够。区域制造业集成化发展的不断深入引出打破边界融合发展的新命题,如长三角根据形势发展不断搭建产业间合作平台,构建合作载体；G60科创通道利用新兴技术,融合互联网、云计算、大数据,结合传统制造业,促成制造业

---

[1] 一点咨询网.长三角一体化发展示范区是第二个雄安吗？[EB/OL].http：//www.yidianzixun.com/article/0LH2P4Yk.
[2] 第一财经.合力推进发展示范区,长三角一体化今年这样做[EB/OL].https：//www.yicai.com/news/100108001.html.

战略转型升级,构建出嘉定、昆山、太仓协调发展的网络。

最后是"制造业+金融"要素资源流动不充分。建立长三角一体化示范区,是为了构建能集中起来的"制造业+金融"集聚中心,因此必须实现"制造业+金融"要素资源自由流动的机制,突破障碍壁垒,树立长三角统一大市场建设的模范带头作用。

2. 长三角一体化示范区"制造业+金融"需求

长三角一体化示范区需要发挥金融协同作用,促进高端制造业集聚,推动长三角向更高质量一体化发展。目前长三角金融机构相互渗透,如杭州银行在上海、江苏和安徽共设立65家营业部,超过申万宏源在上海61家营业部的数量;长三角企业相互并购量大,Dealogic数据显示,2017年在长三角内企业并购1 074起,规模合计994亿美元。[1]

借鉴世界级城市群[2]"制造业+金融"发展经验来看,金融促进产业协同跨界,金融促进制造业集聚。在美国东北部大西洋城市群中,纽约作为"制造业+金融"顶端,聚集了无数跨国公司和专业管理金融机构;波士顿、费城、华盛顿、巴尔的摩这4座中心城市处于金融与制造业产业链条中间,连接链条的两端。日本太平洋城市群以东京为"制造业+金融"核心区域,其他地区以工业制造为主。世界级城市群的"制造业+金融"协同发展的模式相对合理与完善,从全球(全国)—区域—场外等金融圈,为各种性质与规模的制造业企业提供了融资服务,也为长三角一体化示范区"制造业+金融"提供了借鉴经验。

目前,制约长三角地区金融一体化协同发展的问题主要有:(1)区域内城市金融发展"量"和"质"不平衡。最新的国际全球金融中心指数显示,上海国际金融中心仅次于纽约、伦敦、香港和新加坡。长三角示范区金融态势呈现一个金融中心(上海)、两个金融增长轴("沪宁"沿线的南通及"杭甬"沿线的嘉善、平湖)。(2)城市间缺乏资金往来交易,阻碍区域协同发展。"条块管理"导致金融机构具有与行政区划的同一性和业务的属地性,客观上限制了资金和信息的区域间流动,金融机构之间的合作不充分。(3)"信用长三角"建设缓慢。银行系统的电子信息化不够完善[3],使得金融机构获取信息的费用增加,针对异地企业办理异地业务问题,金融机构所面临的阻碍较大,如管理困难、风险增加与技术层面的不支持等。(4)高素质的金融监管专业人才的紧缺,使得区域内金融监管机构之间有效的监管与协调更为困难。

3. 强化长三角一体化示范区"制造业+金融"合作机制,打造国际高端制造业基地

2019年要全力实施长江三角洲区域一体化发展国家战略,构建长三角一体化发展示范区。示范区金融一体化是要素、数据、信息、人才的一体化。通过一体化示范区金融协同合作,助力打造高端制造业集聚基地,加快一体化示范区实现更高质量的发展。

---

[1] 中国证券网.金融协同促进长三角一体化发展[EB/OL]. http://news.cnstock.com/paper,2018-06-13,1009426.htm.
[2] 美国东北部大西洋城市群、北美五大湖城市群、英国伦敦城市群、欧洲西北部城市群和日本太平洋城市群。
[3] 诸如通信网络、数据处理中心、电子银行等技术。

第一，设立一体化示范区制造业引导基金，鼓励跨区域、跨界制造业项目的合作。一体化示范区要建设成为金融中心、制造业顶端，必须搭建资源开放性合作平台，只有通过重大科技创新工程和创新产业项目的跨区域、跨界合作才能更好地实现。通过设立一体化发展示范区引导基金，鼓励先进制造业、工业互联网、教育医疗、高端人才加入发展战略框架协议，支持区内企业开展跨地区、跨界深度合作，使技术、资本、人才、服务等资源产生交集，以此实现优化配置与共享转化，使其成为在空间便捷、资源配置、产能协作等方面具有互动布局和良好协调机制的一体化"制造业+金融"功能圈。

第二，构建"制造业+金融"信息共享机制，加快"信用一体化示范区"体系、区域统一资金结算系统的建设。地方政府、金融监管和金融机构三者联合打造金融信息分享体系，实现各地区金融机构间的客户资源和人才资源的共享，降低搜集信息的成本，促进金融机构在整个地区都能开展异地信贷业务，消除区域金融发展的不平衡。区域统一的资金结算系统需要一体化示范区的银行、证券、保险同业协会牵头及区域内主要金融机构的参与，才能更好地为企业降低投融资成本。

第三，推动普惠金融一体化，服务中小微制造企业。一方面，通过一体化示范区统一金融交易，同化不同地区市场交易价格，关闭价格歧视空间，从而消除所产生的金融套利行为。加快数字经济的形成，促进长三角金融数据与金融信息的融合，从而实现该区域金融一体化的发展；另一方面，通过信息流使该区的金融数据和信息更加规范，在全局层面统筹整合金融数据资源，为更多中小微企业和中低收入群体服务。利用大数据、智能风控等平台降低金融风险，使金融机构运营更有效率、更加安全。

第四，引导金融资源向战略性新兴产业倾斜。为科创企业提供多种融资途径，鼓励金融资源流向重点产业。例如，浙江省的《企业上市和并购重组"凤凰行动"计划》确立了到2020年全省实现上市1 000家企业的目标；江苏省逐步建立以发展高新技术产业为重点的科技投融资圈；安徽省为该地区的重点发展产业提供各种省级基金支持。

第五，推动一体化示范区"制造业+金融"发展环境的优化。推动"制造业+金融"发展环境的优化，需要政府、区域、企业三方努力，实现联合监管，共同探索创新跨区域金融体制。随着金融边界渐趋模糊，为保护一体化示范区金融消费者和投资者的合法权益，需要建立风险联合监管与控制体系。加强示范区重大案件协调处理，高效防范与规避金融风险，更加提高示范区金融法院专业处理金融案件的能力，使金融仲裁机制进一步完善。同时，协调推进金融纠纷解决体系，强化金融专业人才交流，为金融人才提供完善的保障制度。

(四) 进口博览会引进外资助力上海制造业

1. 降低产品进口成本，借鉴优良发展模式

第一，降低产品进口成本，推动贸易结算的便利化。随着中美贸易摩擦的加剧，我国近几个月的进出口贸易受到明显影响，进口博览会的开展在一定程度上可以为各国优质

商品进出我国市场提供一种高效的新方式,缓解目前我国进出口贸易存在的问题。降低产品的进口成本并不是进口博览会的最终目的,更重要的是利用进口博览会推动贸易结算的便利化发展,为各国开展国际贸易提供一个良好的公共平台,使得各国共同发展。在借鉴国外优良发展模式的基础上,鼓励一些经济落后的国家搭上我国经济发展的快车,同时在发展自身经济的基础上,为世界各国经济的共同发展提供支持。我国为进口博览会建立了"6天+365天"一站式交易服务平台,线上线下结合,提供多元化服务,在物流运输方面,打造进口参展的绿色通道,只需注册账号就可以在中远海运进口博览会订舱平台办理订舱业务。同时在贸易方面给予关税优惠,如对部分汽车、日用消费品降低进口关税,在进口审批报关等环节上提高效率,以提高进口商品的竞争力,并在此基础上实现买卖双方的完美对接。

第二,借鉴优良发展模式,提高生产效率。在高科技尤其是智能制造方面借鉴国外的发展模式,结合我国的实际情况加以创新,可实现智能制造的快速发展。例如,一家总部设立在美国的自动化公司——哈斯自动化公司,其设立在我国的子公司发展良好,该公司成功原因可总结为两点:一是HFO模式,即在每个地区设立专卖店的同时,必须配备相应数量且经过培训合格的工程师,为客户提供专业的服务;二是美国工厂有极强的柔性生产能力,可以充分满足世界各地的个性化需求,拥有数十条生产线,能够根据订单的变化调整产能,从而降低成本。我国制造业如果也能够借鉴其发展模式,提高生产能力,不仅可以降低生产成本,也有助于提高产能,实现产业的升级优化。当然,在借鉴他人的发展模式的同时,也可以为一些发展中国家提供我国的发展经验。例如,在法国GF加工方案的基础上,根据中国市场的实际需求进行改良,开发出适合我国企业自主运行的智能制造系统。当然,将现有设备升级并重新拼凑并不是我们所称的智能制造,它需要新的设计方案将其不断优化创新。

2. 进口博览会助力制造业转型升级

进口博览会是深化供给侧结构性改革、增加有效供给的重要措施。中共十九大报告提出,深化供给侧结构性改革已经成为建设现代化经济体系的六大任务之一,而供给侧结构性改革的推进得益于进口质量的提高、结构的升级和合理化等。中国改革开放四十周年的经验已经证明,产业结构的升级和竞争力的增强源于先进技术和装备的引进,扩大进口与中国产业结构升级之间的关系非常密切,博览会上各个企业龙头的参与无疑会给我国带来先进的技术和装备,促进产业尤其是制造业的结构升级。制造业的发展是改革开放后中国经济空前发展的主要贡献者之一。可以说,没有中国制造业的发展,就没有今天强大而繁荣的中国。

进口博览会促进制造业转型升级。当前,制造业的内部结构正朝着技术与质量型行业转型,由于高科技行业研发投资高,尽管行业整体投资水平有所下滑,但行业整体的投资水平仍然呈正向发展。伴随着高新技术产品进口的不断增加,高新进口设备所带来的技术溢出效应也在不断提升,国内企业与国际先进水平的技术差距得以缩小,技术升级带来的劳动生产率提升将进一步带来出口增长值的提升。然而,目前服务业相对于制造业的开发程度来说还有着较大的发展空间。因此,在下一阶段,服务业开放程度的扩大将被提上工作议程,而服务业的开放重点将落于金融服务业,通过调整保险、证券及期货等行业的市场准入规则,释放市场活力,将会为金融服务帮助制造业发展提供更大的可能。

借助博览会,打响"上海购物品牌"。集会展、交易与论坛等多种功能为一体的进口博览会,为各国提供了贸易交易与经验交流的"上海平台",打造出便利高效的"上海通道",使得参加进口博览会的各国货物、服务和技术能够迅速进入中国市场。同时,上海作为进口博览会的举办地,应借助机会,打造有全球辐射力的消费名片,加快国际消费城市建设。近年来,上海GDP增长速度存在小幅度的下降,但由于消费水平始终维持着较高的增长速度,为经济发展提供了坚实的基础。然而,相关统计表明,2017年上海市境外消费人数达4 375万人次,人均境外消费2 650美元,这一数额超过了美国同时期境外消费数额的2倍。该现象表明当前国内供给还存在相当程度的增长空间。上海市委、市政府在制定的三年行动计划中指出,当前总体目标是将上海打造成为面向全球的消费市场[①],助力创造"上海制造"品牌,通过引进国外优质产品和服务,赋予"上海服务和文化"更浓烈的国际化色彩。这就对上海的服务业提出了更高的要求,交通运输的便捷、金融服务的高效、生活服务的舒适都成为上海服务业新的发展方向。从政策激励的角度来看,上海可以通过改革与创新税收政策积极地参与国际合作与竞争,借助进口博览会的机会,吸引更多的优质商品,实现"足不出沪买全球"的目标,满足消费者在家门口追求高品质生活的需求。同时打造具有全球影响力的商街商圈,重塑"中华商业第一街南京路"和"百年淮海路"形象[②],对标国际标准,着力优化营商环境,提升服务能力。此外,上海还可以加大对进口博览会的宣传力度,增强进口博览会的知名度,邀请更多国家和地区参加我国的进口博览会,逐步扩大博览会的规模,加深各国的参与度,探索"会展+旅游""贸易+金融"等产融结合模式,以此放大进口博览会的溢出效应,积极探索进口商品和服务以人民币计价交易结算的实现路径,为促进人民币国际化做出贡献。

(五)金融创新应用于上海制造业转型升级中的风险控制

近年来,中国制造业投资增速直线下跌,由2011年的阶段高点37.7%迅速下降到2017年的3.1%,6年间下降了34.6个百分点,制造业投资占全部固定资产投资的比例也由33.9%下降到30.6%;2018年1—4月制造业投资增长4.8%,增速同比有所回落,对全部投资增长的贡献率只有21%。这其中很大一部分原因是因为金融房地产的挤出效应,

---

① 文汇报.张国华解读进口博览会中的上海购物:买时尚来上海,买全球来上海[EB/OL]. http://wenhui.whb.cn/zhuzhan/jtxw/20180614/200833.html.

② 大众网.中国举办首届国际进口博览会的战略意义[EB/OL]. http://mini.eastday.com/bdmip/180613123112599.html.

房地产、金融等投资领域不需要过多的设备资金、技术工人和高新技术。更多的企业把原本应投入到制造业的资金转移到银行理财、信托和股权投资等领域,对制造业投资产生挤出效应的同时还阻碍了企业的创新。[①] 因此,融资难、融资贵日益成为我国制造业发展的重要因素。金融创新助力制造业转型升级,需要大力发展多元化金融组织以增加融资途径。在我国制造业企业,尤其是小微企业,融资问题较为严重。这主要是因为我国金融业不够发达,制度不够健全,金融机构、金融业务和金融产品种类不够丰富。产品、机构和业务的创新一定程度上能有效缓解融资难的问题。在金融机构的创新方面,如近几年以互联网金融的名义滋生出来的网贷平台,确实帮助了一些小微企业,但也出现了很多不规范的现象,因此创新的同时也要对金融机构进行大力监管。

1. 采用风险溢价防控金融机构风险

实体经济在转型升级的压力下,企业贷款违约的可能性增大,导致银行对企业贷款非常谨慎,这也是融资难的原因之一。人民银行、工业和信息化部、银监会、证监会、保监会联合印发的《关于金融支持制造强国建设的指导意见》(银发〔2017〕58号)为金融机构把控风险提出两项措施:一是建立合理的信贷管理体制和授信评价机制,提高金融机构对制造业新型产业链和创新链的支撑作用,以实现金融产品和服务的优化和创新;二是切实择优助强,银行业金融机构应审慎处理企业的贷款申请,在自主决策和自担风险的原则下,择优支持有核心竞争力的企业,注重从源头把控风险,从而实现对风险的控制。

国务院发展研究中心金融研究所研究员吴庆认为,可采用风险溢价的方法来解决中小企业贷款难的问题。较低的企业贷款利率会影响银行防控风险的能力,因此银行应尽力开展风险比较高的业务,试验高利率的贷款,用较高的收益来覆盖风险,这就是风险溢价。风险溢价换句话说也就是高风险、高回报。虽然风险是无法降低的,但是可以用更多的收益来弥补风险带来的损失。利润和风险要匹配,这也是金融创新。[②]

2. 协调市场机制和政府作用,实现政府支持与市场监控的有效结合

引入各种金融衍生工具是金融创新的必经之路,其最初目的是为了规避风险、转移风险,包括期货、期权、利率互换、利率上限、利率下限等。但是,金融衍生工具具有两面性,高杠杆倍率决定了它自身的高风险性。因此,它并不是单纯的避险工具。

上海作为我国发达的金融中心,在金融创新方面一直处于领先地位。政府要应对金融创新的风险防控,需让货币政策和宏观审慎政策双管齐下,同时可以借鉴美国的做法,前期政府进行资金扶持,后期政府干预减弱,引导合作性金融进入,逐步实现独立运作,通过观察市场动态实现对风险的实时监控。在2017年11月20日上海举行的第五届外滩

---

① 刘立峰. 投资低迷掣肘《中国制造2025》[J]. 中国经济报告,2018,104(6):29-31.
② 中证网. 加快金融创新助力制造业强国建设[EB/OL]. [2017-04-07]. http://www.cs.com.cn/sylm/zjyl_1/201704/t20170407_5233088.html.

国际峰会上,黄浦区发布了"外滩金融发展指数",这是上海首个区域性金融发展指数。该金融指数注重各个金融核心要素,围绕"金融服务实体经济、防范金融风险和深化金融改革开放"三大命题展开,有利于政府与企业了解黄浦区金融发展的整体水平,客观评价区域金融发展,有效防范金融风险。虽然目前市场上有大量的金融指数,但绝大多数都为价格指数,像"外滩金融发展指数"这样的区域性评估指数非常欠缺。因此,政府与企业可以以"外滩金融发展指数"为依据来考察上海金融业的发展,从而实现对金融风险的防范与控制。

参考文献

[1] 陈钢.助力产需对接 聚焦智能制造——首届中国国际进口博览会智能及高端装备展区展商客商展前供需对接会在沪召开[J].制造技术与机床,2018(9):9-11.

[2] 陈磊.金融发展、汇率变动与中国省区制造业出口[J].投资研究,2011,30(9):79-90.

[3] 陈琳,乔志林.EVA绩效考核对央企控股上市公司投融资行为的影响研究[J].西安财经学院学报,2017,30(2):36-42.

[4] 陈时兴.中国产业结构升级与金融发展关系的实证研究[J].中国软科学,2011(S2):72-78.

[5] 范方志,张立军.中国地区金融结构转变与产业结构升级研究[J].金融研究,2003(11):36-48.

[6] 方园.金融发展对出口复杂度提升的影响机理与效应研究[D].浙江大学,2013:35-36.

[7] 傅元海,叶祥松,王展祥.制造业结构优化的技术进步路径选择——基于动态面板的经验分析[J].中国工业经济,2014(9):78-90.

[8] 胡兵,李柯.国家经济风险对中国OFDI的影响——以东道国经济发展水平为门槛变量的实证分析[J].广西财经学院学报,2012,25(6):55-63.

[9] 胡吉亚.基于产业生命周期理论的战略性新兴产业资金需求分析[J].金融教育研究,2015,28(4):3-8.

[10] 韩剑,崔雪晨.制造业转型升级中的金融服务支持作用研究[J].中国海洋大学学报:社会科学版,2014(5):93-99.

[11] 吉轩.打造进口参展的绿色通道 中远海运进口博览会订舱平台正式上线[J].中国远洋海运,2018(8):14.

[12] 李洪亚,董建功.所有制改革与OFDI:中国的证据[J].世界经济研究,2017(2):62-77+136.

[13] 林春.金融发展、技术创新与产业结构调整——基于中国省际面板数据实证分析[J].经济问题探索,2016(2):40-48.

[14] 林毅夫,章奇,刘明兴.金融结构与经济增长:以制造业为例[J].中国金融,2003(4):63.

[15] 刘朝阳,朱远思,何翠平.金融支持产业结构优化升级的实证研究:广东案例[J].南方金融,2014(3):91-95.

[16] 刘飞.省域金融结构调整与制造业结构升级[J].金融论坛,2015(4):74-82.

[17] 刘宁.中国城镇化发展需警惕"拉美陷阱"[J].中国经贸导刊,2014(9):38-39.

[18] 陆立军,周国红.技术密集型行业对制造业竞争力影响程度研究——以浙江省为例[J].科研管理,2006(2):79-88.

[19] 吕朝凤.金融发展、融资约束与中国地区出口绩效[J].经济管理,2015,37(2):107-118.

[20] 马强,董乡萍.金融服务业支持制造业发展的评价模型研究[J].东南大学学报:哲学社会科学版,2010,12(3):74-80+127.

[21] 钱水土,刘芸.区域金融中介发展与产业结构升级——来自浙江省市级面板数据的证据[J].浙江学刊,2010(4):199-204.

[22] 邱立成,刘奎宁.融资异质性对企业对外直接投资倾向的影响——基于中国工业企业数据的检验[J].财贸研究,2016,27(3):47-54.

[23] 商庆竹.天津市金融服务业对制造业的推动作用研究[D].天津:天津财经大学,2013.

[24] 史龙祥,马宇.金融发展对出口结构优化的影响——基于中国制造业的检验与流动性过剩视角的分析[J].财贸—经济,2008(4):105-110.

[25] 宋维佳,王军徽.ODI对母国制造业产业升级影响机理分析[J].宏观经济研究,2012(11):39-45+91.

[26] 宋智文,凌江怀,王健.高技术制造业金融支持效应研究[J].统计与决策,2013(5):166-169.

[27] 苏建军,徐璋勇.金融发展、产业结构升级与经济增长——理论与经验研究[J].工业技术经济,2014,33(2):139-149.

[28] 孙婷,温军.金融中介发展、企业异质性与技术创新[J].西安交通大学学报:社会科学版,2012,32(1):23-28.

[29] 谭之博,赵岳.外商直接投资的挤入挤出效应:金融发展的影响[J].金融研究,2014(9):69-83.

[30] 唐未兵,傅元海,王展祥.技术创新、技术引进与经济增长方式转变[J].经济研究,2014(7):31-43.

[31] 王贵全.金融发展与制造业竞争力的提升——基于规模经济理论的分析[J].商业研究,2004(6):149-150.

[32] 王伟,孙大超,杨娇辉.金融发展是否能够促进海外直接投资——基于面板分位数的经验分析[J].国际贸易问题,2013(9):120-131.

[33] 王彦超.能源期货市场风险测度研究[J].时代金融,2017(6):164-165+170.

[34] 王一扬.打造"实体+金融"的科技金融生态[J].新理财,2018(Z1):66-67.

[35] 王志华,陈圻.江苏制造业结构升级水平的综合测度[J].生态经济,2012(4):99-103.

[36] 王忠诚,薛新红,张建民.融资约束、融资渠道与企业对外直接投资[J].金融经济学研究,2017,32(1):60-72.

[37] 韦继强.金融促进广西产业结构优化研究——基于国务院《关于进一步促进广西经济社会发展的若干意见》的分析[J].区域金融研究,2012(3):59-64.

[38] 吴庆.加快金融创新助力制造业强国建设[J].山东经济战略研究,2017(4):4.

[39] 吴星宝.为何要举办进口博览会[N].解放日报,2018-06-12(10).

[40] 徐清. 金融发展、生产率与中国企业对外直接投资——基于大样本企业数据的 Logit 模型分析[J]. 投资研究,2015,34(11):53-63.

[41] 严兵,张禹,韩剑. 企业异质性与对外直接投资——基于江苏省企业的检验[J]. 南开经济研究,2014(4):50-63.

[42] 杨娇辉,王曦. 市场分割下东北亚货币的跨货币溢出效应与汇率预测[J]. 国际金融研究,2013(5):32-48.

[43] 杨琳. 投资风险与控制[J]. 中国保险,2002(1):45-47.

[44] 姚玉洁,刘滨. 装备制造业自主创新突围 船舶业金融助力产业升级[J]. 金融博览,2015(2):4.

[45] 易文斐,丁丹. 中国金融自由化指数的设计和分析[J]. 经济科学,2007(3):66-75.

[46] 俞峰,钟昌标,黄远浙. FDI 对内资企业的技术进步门槛效应研究[J]. 经济问题探索,2014(7):151-159.

[47] 余官胜. 东道国经济风险与我国企业对外直接投资二元增长区位选择——基于面板数据门槛效应模型的研究[J]. 中央财经大学学报,2017(6):74-81.

[48] 张林,冉光和,陈丘. 区域金融实力、FDI 溢出与实体经济增长——基于面板门槛模型的研究[J]. 经济科学,2014(6):78-91.

[49] 张涛,成春林. 金融发展对制造业结构升级影响实证研究——以长江经济带为例[J]. 金融与经济,2016(8):4-8.

[50] 张婷麟,孙斌栋. 全球城市的制造业企业部门布局及其启示——纽约、伦敦、东京和上海[J]. 城市发展研究,2014,21(4):17-22.

[51] 张玉苗. 金融创新与产业结构调整:理论与实证[J]. 经济问题探索,2015(3):1.

[52] 周睿敏,张文秀. 金融科技创新风险及控制探析——基于大数据、人工智能、区块链的研究[J]. 中国管理信息化,2017,20(19):33-36.

[53] 朱远思. 欠发达地区金融支持县域经济发展实证研究——以广东阳江为例[J]. 现代商贸工业,2014(1):119-122.

[54] 邹磊. 进口博览会助力建设开放型世界经济[N]. 学习时报,2018-09-24(2).

[55] Berman D Wayne. Comparing Milled Fiber, Quebec Ore, and Textile Factory dust: Has Another Piece of the Asbestos Puzzle Fallen into Place? [J]. Critical Reviews in Toxicology, 2010, 40(2): 151-188.

[56] Bodie William C. The Threat to America from the Former USSR[J]. JAI, 1993, 37(4): 509-525.

[57] Buch C, Kesternich I, Lopponer A, at al. Exports Versus FDI Revisited: Does Finance Matter?[J]. 2010(3): 1-40.

[58] Buckley P, Clegg J, Wang C. Is the Relationship between Inward FDI and Spillover Effects Linear? An Empirical Examination of the Cases of China[J]. Journal of International Business Studies, 2007, 38(3): 447-459.

[59] Chaney T. Liquidity Constrained Exporters[R]. NBER Working Paper No. 19170, 2013.

[60] Claude Lopez, Christian J M, David H P. Median-Unbiased Estimation in DF - GLS Regressions and the PPP Puzzle[J]. Applied Economics, 2013, 45(4): 455 - 464.

[61] Claudia M Buch, John C Driscoll, Charlotte Ostergaard. Cross-Border Diversification in Bank Asset Portfolios[J]. International Finance, 2010, 13(1): 79 - 108.

[62] Dennis Hitchen, Shelley Burgin, Danny Wotherspoon. Notes on the Size Structure of a Population of the Jacky Dragon Amphibolurus Muricatus in a Small Fragmented Urban Remnant[J]. Pacific Conservation Biology, 2010, 16(4): 237 - 243.

[63] Elhanan Helpman, Marc J Melitz, Stephen R Yeaple. Export Versus FDI with Heterogeneous Firms [J]. The American Economic Review, 2004, 94(1): 300 - 316.

[64] Erwin Bellon, Michel Feron, Tom Deprez, Reinoud Reynders, Bart Van den Bosch. Trends in PACS Architecture[J]. European Journal of Radiology, 2011, 78(2): 199 - 204.

[65] Grossman G M, Helpman E, Szeidl A. Optimal Intergration Strategies for the Multinational Firm [J]. Journal of International Economics, 2006, 70(1): 216 - 238.

[66] Grossman G M, Stiglitz J E. On the Impossibility of Informationally Efficient Markets[J]. The American Review, 1997, 70(3): 393 - 408.

[67] Helpman E, Melitz M, Yeaple S. Export Versus FDI with Heterogenous Firms[J]. American Economic Review, 2004, 94(1): 300 - 316.

[68] Helpman E. Trade, FDI, and the Organization of Firms[R]. National Bureau of Economics Research, 2006.

[69] Isabel Alvarez, Raquel Marin. FDI and Technology as Levering Factors of Competitiveness in Developing Countries[J]. Journal of International Management, 2013, 19(3): 232 - 246.

[70] John G Gurley, E S Shaw. Financial Aspects of Economic Development[J]. The American Economic Review, 1955, 45(4): 515 - 538.

[71] Kersti Karltorp, Siping Guo. Handling Financial Resource Mobilisation in Technological Innovation Systems — The Case of Chinese Wind Power[J]. Journal of Cleaner Production, 2017(6): 15.

[72] Levine R. Bank-based or Market-based Financial Systems: Which Is Better[J]. Journal of Financial Intermediation, 2002, 11(4): 398 - 428.

[73] Lindley D V, Smith A F. Bayes Estimates for the Linear Model[J]. Journal of the Royal Statistical Society. Series B(Methodological), 1972, 34(1): 1 - 41.

[74] Manova K. Credit Constraints, Heterogenous Firms, and International Trade[R]. National Bureau of Economics Research, 2008.

[75] Miller Merton H. The Economics and Politics of Index Arbitrage in the U. S. and Japan[J]. North-Holland, 1993, 1(1): 3 - 11.

[76] Muuls M. Exporters and Credit Constraints: A Firm-level Approach[R]. National Bank of Belgium working paper No. 139, 2008.

[77] Raghuram Rajan, Luigi Zingales. Debt, Folklore, and Cross-Country Differences In Financial Structure[J]. Journal of Applied Corporate Finance, 1998, 10(4): 102 - 107.

[78] Ronald I McKinnon. The Value-Added Tax and the Liberalization of Foreign Trade in Developing Economies: A Comment[J]. Journal of Economic Literature, 1973, 11(2): 520-524.

[79] Vojislav Maksimovic, Alex Stomper, Josef Zechner. Capital Structure, Information Acquisition and Investment Decisions in an Industry Framework[J]. Review of Finance, 1999, 2(3): 251-271.

[80] W M Shaw. (c) Financial Implications[J]. The Journal of the Royal Society for the Promotion of Health, 1973, 93(2).

我国碳交易机制优化研究

◎ 赵 东[①] 林 辉[②] 李 瑾[③]

摘 要：碳交易机制是应对气候变化、控制温室气体排放的重要工具。在建设全国碳市场的过程中，系统总结国际国内经验具有重要意义。

作为欧盟应对气候变化政策的基石，欧洲碳排放权交易市场（EU－ETS）自2005年启动以来，在政策制定、市场运行，特别是应对过剩配额方面，为中国碳市场的建设提供了经验。2013年以来，全国碳交易七个试点地区相继启动，在工作机制、制度框架、市场机制、减排效果等方面都取得了一定成效，为全国碳市场的建设奠定了良好基础。全国碳市场在机构改革、监测、报告与核查体系、交易产品等方面取得了一定进展，但也需要在立法、市场运行、系统建设、信息公开、能力建设、机制协调、资金支持等方面加强工作。

碳市场的建设和碳金融的发展也为上海建设国际金融中心创造了新的内容。上海应充分利用全国碳交易系统落户上海的有利时机，重视含碳金融在内的绿色金融发展，借鉴伦敦等国际碳金融中心的经验，着力打造碳金融中心。建议上海充分利用上海自贸区的优势，设计和实施有计划、分步骤的碳金融发展策略，在防范金融风险的基础上，重点推进碳金融产品研发和落地。

关键词：碳交易机制；国内碳市场；EU－ETS；上海国际金融中心

一、背 景

气候变化问题已威胁到人类的生存和发展。为应对气候变化的严峻挑战，1992年联合国环境与发展会议通过《联合国气候变化框架公约》，并于1994年3月21日正式生效，成为世界上第一个全面控制二氧化碳等温室气体排放的国际公约，奠定了应对气候变化国际合作的法律基础。1997年《联合国气候变化框架公约》第三次缔约方会议通过的《京

[①] 赵东，上海环境能源交易所股份有限公司项目经理。
[②] 林辉，上海环境能源交易所股份有限公司董事长，上海财经大学上海国际金融中心研究院学术委员。
[③] 李瑾，上海环境能源交易所股份有限公司总经理助理、研发总监。

都议定书》，首次以国际法的形式限制温室气体排放。2015年巴黎气候变化大会通过《巴黎协定》，并于2016年11月4日生效，由此形成了2020年后的全球气候治理格局。2018年10月，联合国政府间气候变化专门委员会（IPCC）发布特别报告，指出要实现升温控制在1.5摄氏度以内，必须在2030年前将全球年度碳排放量削减一半。

碳交易机制是应对气候变化、控制温室气体排放的重要工具。根据2019年国际碳行动伙伴组织（ICAP）统计，目前全球已有20个碳排放交易体系投入实施，覆盖27个司法管辖区。这些司法管辖区占全球GDP的37%、人口的1/3和全球碳排放总量的近8%。另有6个司法管辖区正式计划实施碳排放交易体系，12个不同级别的司法管辖区正在考虑实施碳排放交易体系（包括智利、泰国和越南等）。

作为世界上第一个大型碳市场、第一个建立跨国温室气体排放权交易机制的市场，欧洲碳排放权交易市场取得了巨大的成效，成为欧盟应对气候变化政策的基石。迄今为止，欧盟碳排放交易体系是最成功的碳交易体系。

自2013年以来，我国七个试点地区①相继启动碳交易，并取得一定成效，市场参与者、交易量不断增加，履约率不断提升。七个试点地区在总量控制、配额分配、排放数据的监测、报告和核查等方面积累了大量宝贵经验，为全国碳市场的推出奠定了基础。随着全国碳排放权交易体系的启动，中国有望成为全球最大的碳市场。

（一）优化碳交易机制的意义

1. 优化碳交易机制是碳市场健康发展的必然要求

经过多年发展，我国在碳市场方面积累了宝贵的经验，同时也存在一些问题，特别是全国碳市场具有覆盖广、难度大等特点，需要碳交易机制的不断优化和完善，以保障碳市场的健康发展。

2. 优化碳交易机制是发展绿色金融的必然选择

根据相关研究测算，未来五年我国每年绿色发展所需的投资规模大约在2.9万亿元，包括碳金融在内的绿色金融市场前景广阔。

2016年8月31日，中国人民银行和国家发改委等七部委联合发布《关于构建绿色金融体系的指导意见》，对包括碳交易衍生品在内的碳金融进行了重要部署。

3. 优化碳交易机制是落实绿色发展理念的重要手段

2017年10月，习近平总书记在中共十九大会议上提出"加快生态文明体制改革，建设美丽中国""推进绿色发展……建立健全绿色低碳循环发展的经济体系。构建市场导向的绿色技术创新体系，发展绿色金融"。

作为绿色发展的重要工具，碳交易机制提供低成本的减排手段，有利于推动绿色低碳技术的发展，对于调结构、转方式，促进生态文明建设，推动经济绿色转型升级具有重

---

① 本报告试点地区指北京、上海、天津、重庆、湖北、广东和深圳这7个省市，不包括福建和四川。

要意义。

4. 优化碳交易机制是我国参与全球气候治理的重要途径

"十三五"规划提出"坚持共同但有区别的责任原则、公平原则、各自能力原则,积极承担与我国基本国情、发展阶段和实际能力相符的国际义务,落实《强化应对气候变化行动——中国国家自主贡献》。积极参与应对全球气候变化谈判,推动建立公平合理、合作共赢的全球气候治理体系"。

2016年,举世瞩目的G20领导人峰会在杭州举行。作为轮值主席国的中国,首次倡议将绿色金融作为G20峰会重点议题,并推动绿色金融写入《G20领导人杭州峰会宣言》。

2018年5月,在全国生态环境保护大会上,国家主席习近平明确要求,实施积极应对气候变化的国家战略,推动和引导建立公平合理、合作共赢的全球气候治理体系。

5. 优化碳交易、碳金融机制有利于上海国际金融中心建设

绿色金融有利于丰富上海国际金融中心的功能,推动上海国际金融中心的建设。特别是当全国碳市场启动和全国碳交易中心落户上海,助推了上海金融要素的进一步集聚,促进了上海金融市场的发展。

(二)报告结构

本报告共五部分,具体章节结构和内容如下:

报告第一部分梳理了国际碳市场和国内碳市场发展历程,分析发展碳市场、碳金融的重要意义。

报告第二部分关注了欧盟碳排放权交易市场。通过梳理EU-ETS的关键政策和法律,总结欧盟碳交易市场不同阶段的机制设计和运行情况,特别是碳价的波动情况。重点关注欧盟应对碳配额过剩采取的措施。此外,还关注了欧盟非ETS覆盖行业的碳交易设计。在此基础上,进一步分析欧盟碳交易市场的经验和教训。

报告第三部分聚焦我国碳市场运行。通过分析我国7个碳交易市场成立至今的发展情况,梳理全国碳市场建设进展,总结分析碳市场存在的主要问题,并提出建议。

报告第四部分分析了碳金融在上海建设国际金融中心的重要作用,通过研究伦敦作为碳金融中心的特点,梳理我国碳金融发展的支持政策、发展现状和存在的问题等方面,并提出构建上海碳金融中心的建议。

报告第五部分简要总结了本报告的内容。

二、欧洲碳排放权交易的发展历程和经验教训

欧洲碳排放权交易市场是欧盟应对气候变化政策的基石。自2005年启动以来,作为世界上第一个大型碳市场,EU-ETS取得了巨大的成效,也为中国碳市场的建设提

供了经验。

（一）发展历程

"欧盟2020年气候与能源一揽子计划"对主要目标作了明确规定,要求到2020年,欧盟温室气体排放水平下降20%（与1990年相比）,可再生能源占比达到20%,能效提高20%,其中EU-ETS涵盖的控排行业排放量比2005年降低21%。"欧盟2050低碳路线图"要求欧盟2050年温室气体排放相比1990年排放水平至少下降80%。作为重要的阶段性目标,"2030年气候与能源框架"规定到2030年,欧盟温室气体排放相比1990年排放水平至少下降40%,可再生能源占比至少达到27%,能效至少提高27%。其中,与2005年相比,EU-ETS涵盖的领域下降43%,非EU-ETS领域下降30%。具体欧盟温室气体减排目标如图3-1所示。

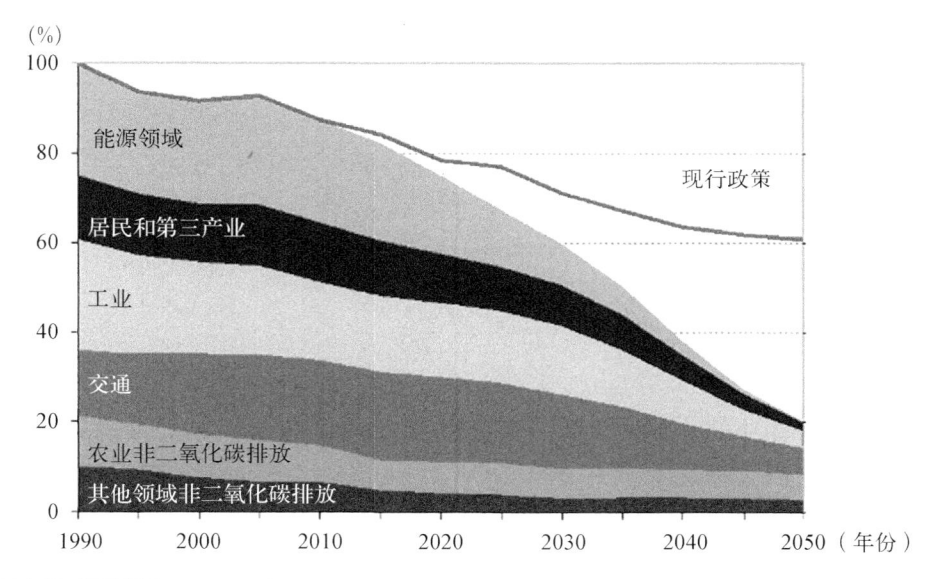

资料来源：搜狐网,http://m.sohu.com/a/199488878_99996753。

图3-1 欧盟温室气体减排目标

2003年10月,欧盟正式颁布《温室气体排放交易体系指令》(Directive 2003/87/EC),以法律的形式正式确立碳排放权交易体系。2005年,欧洲碳排放权交易市场启动,先后完成第一阶段（2005—2007年）、第二阶段（2008—2012年）,目前已经进入第三阶段（2013—2020年）,并将在2021年进入第四阶段（2021—2030年）。

2018年,EU-ETS在31个国家运行（包括欧盟全部28个国家,以及冰岛、列支敦士登和挪威3个国家）,纳入约11 000家高耗能设施（电厂和工厂）,以及在上述国家间运行的500多家航空公司,覆盖大约欧盟碳排放（European Commission,2019a）的39%。纳入的温室气体包括发电和供热、能源密集型行业和商业航空产生的二氧化碳,化工行业（硝酸、己二酸、乙醛酸和乙二醛生产过程）产生的一氧化二氮,铝生产过程中所产生的全氟化碳。

1. EU-ETS第一阶段(2005—2007年)

该阶段的目的主要是"边做边学",为EU-ETS建立机制积累经验。该阶段仅覆盖电力和能源密集型行业产生的二氧化碳,几乎所有的配额都是免费的,不履约的惩罚是40欧元/吨。

2. EU-ETS第二阶段(2008—2012年)

该阶段与《京都议定书》第一承诺期相重合。第二阶段配额总量比2005年减少了6.5%,免费发放配额的比例降至90%,部分国家通过拍卖有偿发放配额。在抵消机制方面,允许企业购买14亿吨的国际碳信用用于履约,不履约的惩罚增加至100欧元/吨。冰岛、挪威和列支敦士登3个新国家加入EU-ETS。自2012年12月1日起,航空业纳入EU-ETS(2012年暂停飞往非欧盟国家或从非欧盟国家起飞的航班)。

3. EU-ETS第三阶段(2013—2020年)

与《京都议定书》第二承诺期时间相重合。欧盟承诺在第二承诺期温室气体排放至少降低18%。克罗地亚加入EU-ETS。

EU-ETS第三阶段与前两个阶段显著不同。

(1) 用单一、欧盟范围的总量限制,替代过去的国家总量限制。

(2) 拍卖是EU-ETS默认的分配方式。

总体而言,第三阶段(2013—2020年)57%配额将被拍卖,剩余部分将免费发放。自2013年起,电力行业原则上不能获得免费配额,全部配额将通过拍卖发放。作为例外,为促进2014年加入欧盟的8个国家电力系统的现代化,这8个国家电力行业仍可以获得免费配额。非电力行业免费配额量逐步降低,将从2013年的80%降低到2020年的30%。针对最有可能将生产迁移至欧盟以外地区的行业,为避免碳泄露的发生,有碳泄露可能的行业仍将获得免费配额。航空公司大部分配额是免费的。为提高免费配额的效果,欧盟将引入更加灵活的机制,使免费配额与生产数据相协调。同时更新基准,以反映2008年来的技术进步。

(3) 覆盖更多的领域和温室气体。

(4) NER300项目。预留3亿吨配额纳入新进入者储备金(New Entrants' Reserve),拍卖所得为创新的可再生能源技术、碳捕捉和封存技术提供资金。

(二) 市场运行

1. 价格

EU-ETS第一阶段初期,碳配额的价格相对稳定在20~25欧元之间,高点超过30欧元。但是,由于缺少准确的排放数据,以及实行从下而上的配额总量设定和分配方式,第一阶段配额过多,且第一阶段配额无法在第二阶段继续使用,因此第一期配额的价格于2007年归零。

第二阶段(2008—2012年)伊始,EUA价格一度达到30欧元/吨。2008年经济危机的爆发导致碳排放降低大于预期。2009年初,EUA价格腰斩,一度下降到10欧元/吨。随着欧盟经济的企稳复苏,EUA价格小幅回升,稳定在14~15欧元/吨。然而,由于配额的大幅过剩,EUA价格又开始大幅下降,到2012年降到7~8欧元/吨。

随着第二阶段约17.5亿吨过剩配额结转,2013年初的EUA价格降到5欧元/吨,2013年下半年降至约3欧元/吨。此后,由于经济总体低迷,过剩配额的问题长期得不到缓解并愈演愈烈,加之欧盟在《京都议定书》第二承诺期的减排目标尚不明确,给市场价格带来了一定的不确定性。2015年12月巴黎气候大会之后,由于《巴黎协定》没能达成量化减排目标,导致EUA价格大幅下跌。随着EU-ETS各项改革的推进,特别是"延迟拍卖"、线性递减因子和"市场稳定储备"等措施的实行,2017年EUA价格稳步上升,2018年2月配额价格达到10欧元,同年8月达到20欧元(见图3-2)。2019年7月23日,EUA价格收盘价达到29.81欧元。此后,受英国脱欧进程影响,EUA价格有所回落,但价格依然维持在十年以来的高位。

资料来源:欧洲能源交易所(EEX)。

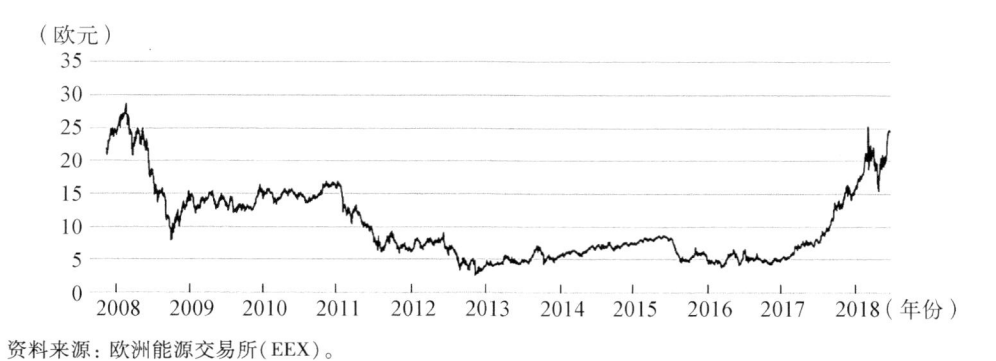

图3-2 EU-ETS碳价比较

2. 交易量

EU-ETS建立后,成交量逐步上升。2005年,碳交易总量仅约9 400万吨,2008年上升至23.27亿吨,2012年达到79.03亿吨,2013年交易量达到峰值,约87.15亿吨。此后,随着EU-ETS市场的低迷,交易量连续下降,2015年交易量约66.77亿吨。此后,EU-ETS交易量开始回升,2018年成交量创历史新高,超过140亿吨(见图3-3)。

(三)过剩配额

作为目前为止最为成功的碳市场,EU-ETS运行也暴露了一些问题,其中最为突出的就是过剩配额的产生和积累。从2009年起,EU-ETS过剩碳配额不断增加。随着第二阶段(2008—2012年)约17.5亿吨的配额量结转至第三阶段(2013—2020年)继续使用,过剩配额在第三阶段伊始便达到20亿吨,2013年进一步达到21亿吨。具体EU-ETS碳价和过剩配额如图3-4所示。

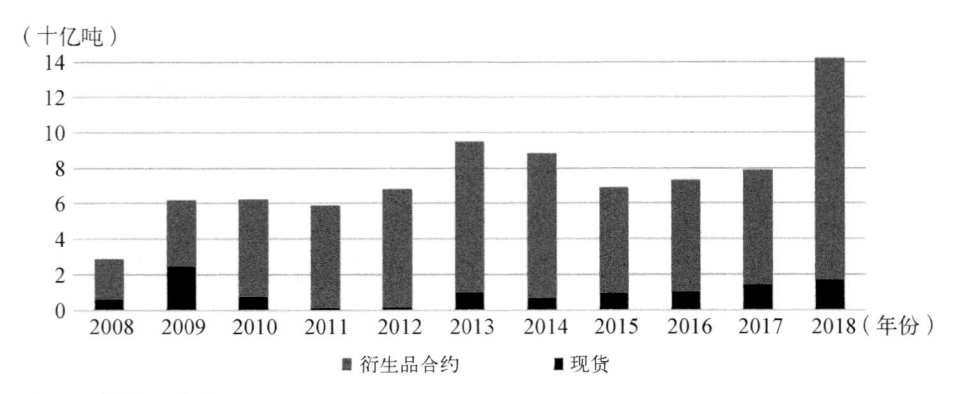

资料来源：欧洲能源交易所（EEX）。

图 3-3 EU-ETS 交易量比较

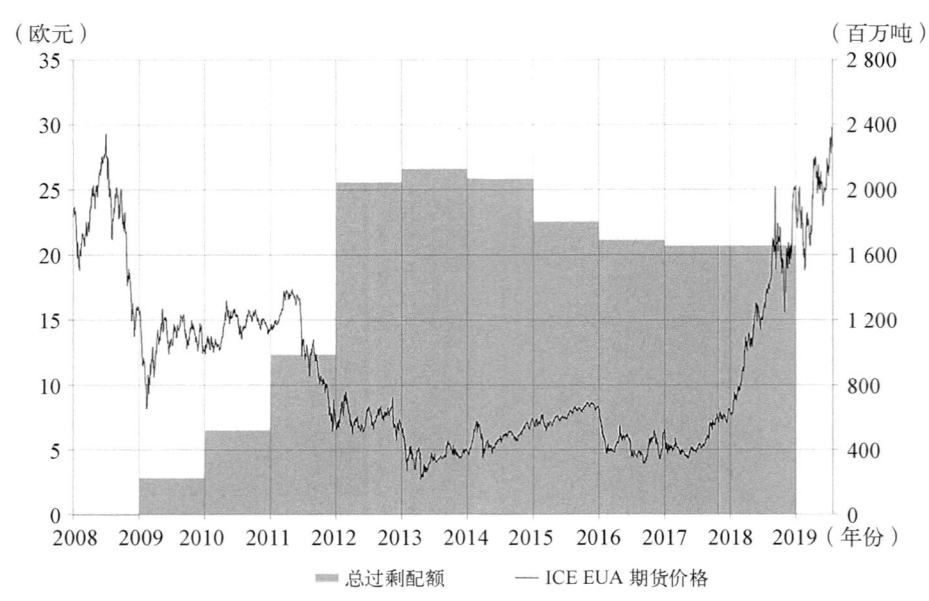

资料来源：德国排放交易管理局（DEHSt）。

图 3-4 EU-ETS 碳价和过剩配额

欧盟过剩配额的产生来自多种原因：一是第一阶段和第二阶段，欧盟本身发放 EUA 相对过剩，且 CER 市场供应充足。二是由于 2008—2009 年的全球金融危机以及此后缓慢的经济恢复期导致了欧盟经济下滑，企业总体排放量呈现出大幅下降，因而造成欧盟绝大多数企业对额外碳排放配额的需求大幅下降。三是近年来欧盟各国在可再生能源方面的投资大幅增长，尤其是风能和太阳能使用的显著增加。四是全球气候谈判进展缓慢，欧盟基于产业竞争力考虑，也不可能在减排义务上迈出更大的步伐。

过剩配额导致碳价低迷，短期会影响碳市场的有序运行，长期则影响减排动力。为应对配额过剩问题，欧盟采取长期和短期措施解决问题。

1. 延迟拍卖

作为短期措施,欧盟将9亿吨配额推迟到2019—2020年度进行拍卖。具体来说,2014—2016年分别减少4亿吨、3亿吨和2亿吨。2015年,由于延迟拍卖措施的实施,EU-ETS过剩配额量降至17.8亿吨。2013—2016年EU-ETS拍卖量如表3-1所示。

延迟拍卖在平衡EU-ETS短期供需、减少价格波动方面无疑起到促进作用。然而,延迟拍卖只是改变不同年度的配额拍卖量,并不能降低EU-ETS第三阶段配额拍卖的总量。若推迟拍卖的9亿吨配额在2019—2020年重新投入市场,将造成EU-ETS第三阶段后期配额大幅过剩。

表3-1 2013—2016年EU-ETS拍卖量

年　　度	配额EUA(吨)	航空业配额EUAA(吨)
2013	808 146 500	0
2014	528 399 500	9 278 000
2015	632 725 500	16 390 500
2016	715 289 500	5 997 500

资料来源:European Commission,2017。

2. 线性递减因子

为控制温室气体排放总量,EU-ETS机制中设置了线性递减因子,即每年配额总量相比前一年减少一定比例,EU-ETS第三阶段配额每年减少1.74%。2015年7月,欧盟委员会针对EU-ETS第四阶段(2021—2030年)提高线性递减因子提出立法建议。2018年2月初,欧洲议会通过相关法律,规定从2021年起,EU-ETS第三阶段的线性递减因子由1.74%增加到2.2%。线性递减因子的调整将进一步收紧EU-ETS配额总量,但由于EU-ETS多余配额量巨大,超过20亿吨的过剩配额仍将持续十年以上,无法提供必要的投资信号。因此,EU-ETS需要实施更加严格、长期的措施,以减少二氧化碳排放,推动经济增长与低碳创新。

3. 市场稳定储备

作为长期措施,欧盟引入了市场稳定储备(MSR)机制。

2014年,欧盟委员会公布了《2030年气候与能源政策框架》,其中提出在EU-ETS第四阶段开始,即2021年设立市场稳定储备。经过长达一年的辩论,欧盟在2015年10月公布关于建立和运行市场稳定机制的法令,决定从2018年起建立市场稳定储备,并于2019年1月1日正式运行。从每年的9月1日开始,12%的配额将从市场撤回,2019年1—9月撤回8%(相当于每月撤回1%)。2017年,欧盟通过DIRECTIVE(EU)2018/410指令,进一步加强市场稳定储备力度,规定从2019年到2022年将MSR撤回比率从12%提高至24%;从2023年起,MSR中超过上一年度配额拍卖量的配额将被取消。

在市场稳定储备机制设计中，确定配额总流通量至关重要。具体计算公式如下：

配额总流通量 = 供给量 −（需求量 + 市场稳定储备中的配额量）

其中，供给量包括第二阶段结转的配额、2013年以来免费发放的配额、有偿拍卖的配额、NER300和使用的国际碳信用；需求量包括经核证清缴的配额和无偿注销的配额；市场稳定储备中的配额量等于往年积累的配额量。

根据欧盟2015年DECISION（EU）2015/1814决议，欧盟需要在每年5月15日前公布上一年度配额总流通量。2017—2019年欧盟连续3年公布报告，2016—2018年市场配额总流通量分别为16亿吨、16.55亿吨和16.55亿吨。根据MSR规定，2019年前8个月，约2.65亿吨配额将纳入MSR，从2019年9月1日到2020年8月一年间将有3.97亿吨配额纳入MSR。

市场稳定储备对于减少过剩配额，提振EUA价格有重要的作用。事实上，市场稳定储备是2018年和2019年上半年价格上涨的核心推动力（2018年欧洲高温也是推动价格上涨的重要因素）。

（四）非EU-ETS行业碳交易——CRC体系

针对交通、建筑、农业和废弃物等没有纳入EU-ETS领域的温室气体排放，按照欧盟《减排分担协议》，欧盟各成员国为2013—2020年和2021—2030年的温室气体排放制定了约束性目标。上述领域与2005年排放水平相比，欧盟整体预计2020年排放将降低10%，2030年排放将降低30%。

实现减排目标有多种措施，碳交易也同样适用。2003年，欧盟关于《温室气体排放配额交易体系指令》前言第16条规定，本指令不应该阻止任何成员国通过保持或建立国家碳交易机制规范温室气体排放，上述温室气体来自未纳入附件一中列举的活动，或未纳入欧盟碳交易机制的活动，或者是临时排除在外的设施。在此背景下，英国CRC体系的建立应运而生。

英国是碳交易机制的先行者和实践者。2002—2006年，英国建立了世界上第一个国家碳交易机制。2005年，EU-ETS启动，英国钢铁、化工、有色金属、电力等高耗能行业的大型企业纳入其中，但EU-ETS并没有涵盖非能源密集型企业和公共机构的碳排放量。在充分利用EU-ETS的同时，针对未被EU-ETS涵盖的非高耗能企业和组织，英国自2010年起开始实施CRC体系，以促进相关领域的节能减排。

1. 立法过程

2008年，英国颁布《气候变化法案2008》，并对交易机制作出规定。2010年，英国颁布《碳削减承诺能源效率体系指令》，CRC体系正式启动。2013年，英国通过新《碳削减承诺能源效率体系指令2013》，对CRC体系进行简化和调整。2016年，英国政府宣布将于2019年4月废除CRC体系。

2. 运行情况

CRC 体系包括超市、水务公司、银行、中央和地方政府部门等约 2 000 家大型组织。根据联合国应对气候变化框架公约组织(UNFCCC)数据,英国 2010 年碳排放约为 6.10 亿吨,CRC 排放约占英国碳排放总量的 10%。

CRC 体系和 EU-ETS 比较详见表 3-2。

表 3-2　　　　CRC 体系与 EU-ETS(英国纳入部分)比较

市 场 要 素	CRC 体系	EU-ETS(英国纳入部分)
配额总量	6 063 万吨(2010 年)	24 620 万吨
占英国总排放比重	9.94%(2010 年)	40.36%(2010 年)
参与方数量	约 2 000 家(第一阶段) 约 1 900 家(第二阶段)	约 1 000 家
纳入行业或领域	超市、水务公司、银行、中央和地方政府部门等	能源、工业(石化、钢铁、水泥、玻璃、陶瓷、造纸等) 2012 年新增航空业

资料来源:作者根据相关资料整理。

从市场运行来看,CRC 体系分为两个阶段:第一阶段从 2010 年到 2014 年,包括 4 个履约年;第二阶段从 2015 年到 2019 年,包括 5 个履约年。

从减排效果来看,CRC 体系有效推动了英国没有纳入 EU-ETS 领域的节能减排。若不考虑纳入范围的变化,2013—2014 年度二氧化碳排放比 2010—2011 年度下降 735.55 万吨,下降约 12.13%;2015—2016 年度比 2014—2015 年度下降 441.56 万吨,下降约 9.67%。详见表 3-3。

表 3-3　　　　CRC 体系减排效果

阶 段	年 份	参与方数量(家)	二氧化碳排放量(吨)	二氧化碳年减排量(吨)
第一阶段	2010—2011	2 078	60 633 502	
	2011—2012	2 087	56 245 588	-4 387 914
	2012—2013	2 071	56 148 137	-97 451
	2013—2014	2 039	53 277 960	-2 870 177
第二阶段	2014—2015	1 858	45 681 222	—
	2015—2016	1 869	41 265 628	-4 415 594

资料来源:根据 CRC 年度报告整理。

(五) 经验和教训

1. 制定长期、有力的减排目标

欧盟已先后制定 2020 年、2030 年和 2050 年减排目标。从具体实施来看,2016 年欧盟碳排放同比下降 0.7%,相比于 1990 年排放水平,欧盟碳排放降低 23%。这一方面反映欧盟碳减排成果显著,另一方面也说明欧盟在制定碳减排目标的时候仍有进一步提升目

标力度的空间。

在减排目标上,欧盟还注重纳入行业和非纳入行业减排责任的分担。碳交易市场无法纳入全部行业,为实现全社会的减排目标,需要 ETS 对纳入行业和非纳入行业进行协调。欧盟《2030 年气候与能源框架》规定,到 2030 年,欧盟温室气体排放相比 1990 年排放水平至少下降 40%。其中,与 2005 年相比,EU-ETS 涵盖的领域下降 43%,非 EU-ETS 领域下降 30%,合理分摊纳入控排体系行业与非纳入行业之间的减排责任。

2. 政策长期稳定性和灵活性

自欧盟碳市场建立以来,欧盟通过条例、指令、决议等形式对 EU-ETS 进行规范,并随着碳市场的推进不断对相关法律文件进行修订和完善。但是,EU-ETS 配额的严重过剩反映出 EU-ETS 在体系运行规则方面还缺乏灵活的调控机制,导致无法通过削减配额总量来减少市场供给、提高市场活跃度的目的。由于欧盟一直奉行民主决策机制,出台相关政策需要各成员国协调一致,加之各利益相关方博弈和复杂的程序使得根据新情况及时调整政策变得十分困难(张敏思,2014)。因此,碳交易机制设计应尽可能考虑碳市场内部调整(覆盖行业范围的调整、企业的纳入、退出等)和外部冲击,并制定相应的调整机制。

3. 注重不同发展阶段国家的能力

EU-ETS 在机制设计和实施过程中,注重体系内不同国家在发展阶段、经济和能源结构的差异。在配额分配方面,为促进 2014 年加入欧盟的 8 个国家电力系统的现代化,这 8 个国家电力行业仍可以获得免费配额。在利用收入再分配机制方面,近期 EU-ETS 改革建立了多种支持机制,帮助工业和电力行业应对低碳经济转型的创新和投资挑战,支持相对落后的国家。例如,现代化基金主要提供给人均 GDP 低于欧盟平均人均 GDP 60% 的低收入成员国。该基金来源于 2021 年至 2030 年期间配额拍卖收益的 2%,用于支持 10 个低收入成员国能源行业的现代化发展。

4. 拍卖收入用于支持低碳技术发展

欧盟对 EUA 拍卖收入的使用有明确要求。《温室气体排放交易体系指令》(Directive 2003/87/EC)第 10(3)条规定,至少 50% 的配额拍卖收益要用于气候和能源领域。从 2012 年至 2017 年 6 月 30 日,EU-ETS 拍卖总收入超过 184 亿欧元,拍卖收入已经成为欧洲气候和能源项目重要的资金来源。尽管各个成员国比例不一,但总体上成员国将 80% 的收入用于或计划用于气候和能源领域。近期设立的创新基金旨在通过拍卖 4.5 亿吨配额来募集资金,用于欧盟低碳技术创新、可再生能源产业、碳捕捉和储存项目的发展。同时,通过多边(如 UNFCCC)或双边机制,拍卖收入也有力地支持了国际应对气候变化。

三、国内碳市场——成果和问题

2011 年 10 月,国家发展改革委印发《关于开展碳排放权交易试点工作的通知》,批准北京、上海、天津、重庆、湖北、广东和深圳7个省市开展碳交易试点工作。自2013年以来,7个试点地区相继启动交易并取得一定成效,市场参与者、交易量不断增加,履约率不断提升,在总量控制、配额分配、排放数据的监测、报告和核查等方面积累了大量宝贵经验,为全国碳市场的推出奠定了基础。

2017年12月,国家正式启动全国碳排放权交易体系,并发布《全国碳排放权交易市场建设方案(发电行业)》。全国碳市场初期将覆盖全国约2000家电力企业,整个市场初期配额规模将超过30亿吨,有望成为全球最大的碳市场。

(一)碳交易试点成果

1. 建立了应对气候变化、节能减排的目标和工作机制

(1)制定控制温室气体工作方案或应对气候变化规划。根据国务院《关于印发"十三五"控制温室气体排放工作方案的通知》要求,试点地区普遍制定了控制温室气体工作方案或应对气候变化规划,对各自地区单位GDP能源消费、单位GDP二氧化碳排放、煤炭消费总量等指标设定目标。更为重要的是,文件大多对健全碳排放权交易机制作出了明确规定。相关文件(见表3-4)的出台和目标的设定为碳市场的发展和完善奠定了良好的基础。

表3-4　　　　　试点地区"十三五"应对气候变化和节能减排文件

地区	单位GDP能源消费(%)	单位GDP二氧化碳排放(%)	煤炭消费总量(吨)	文件名称
全国	-15.00	-18.00	50亿	《国务院关于印发"十三五"控制温室气体排放工作方案的通知》
北京	-17.00	-20.50	0.77万	《北京市"十三五"时期节能降耗及应对气候变化规划》
天津	-17.00	-20.50	0.93万	《天津市"十三五"控制温室气体排放工作实施方案》
上海	-17.00	-20.50	1.24亿	《上海市节能和应对气候变化"十三五"规划》
重庆	-16.00	-19.50	0.65万	《重庆市"十三五"控制温室气体排放工作方案》
湖北	-16.00	-19.50	1.89亿	《湖北省"十三五"控制温室气体排放工作实施方案》
广东	-17.00	-20.50	3.38亿	《广东省"十三五"控制温室气体排放工作实施方案》
深圳	-19.30	-23.00	0.43万	《广东省节能减排"十三五"规划》附件1:广东省"十三五"各地区节能目标任务分解表

资料来源:作者根据相关资料整理。

(2)建立应对气候变化和节能减排的工作机制。包括碳交易在内的应对气候变化和节能减排工作具有复杂性、综合性、跨部门、跨领域的特点,因此需要紧密联系和高效运转的工作机制。

试点地区基本形成了应对气候变化和节能减排的工作机制(见表3-5)。该机制包括工作领导小组、领导小组办公室、主管部门、研究机构等。

表 3-5　　　　　　　试点地区应对气候变化和节能减排的工作机制

地区	领导小组	主管部门（转隶前—发改系统）	主管部门（转隶后—生态系统）	专业性研究机构
北京	北京市应对气候变化及节能减排工作领导小组	资源节约和环境保护处（应对气候变化处）	科技与国际合作处（应对气候变化处）	北京市应对气候变化研究中心
天津	天津市应对气候变化及节能减排工作领导小组	资源节约和环境气候处	应对气候变化处	天津市低碳发展研究中心
上海	上海市应对气候变化及节能减排工作领导小组	资源节约和环境保护处（应对气候变化处）	大气环境与应对气候变化处	—
重庆	重庆市应对气候变化领导小组	资源环境和应对气候变化处	总量与排放管理处（应对气候变化处）	—
湖北	湖北省节能减排（应对气候变化）工作领导小组	应对气候变化处	应对气候变化处	—
广东	广东省应对气候变化及节能减排工作领导小组	应对气候变化处	应对气候变化与交流合作处	广东省应对气候变化研究中心
深圳	深圳市应对气候变化及节能减排工作领导小组	碳排放权交易工作办公室	应对气候变化处（生态环境监测与科技处）	深圳市应对气候变化研究中心

资料来源：作者根据相关资料整理。

试点地区均成立由政府主要领导担任组长的应对气候变化及节能减排工作领导小组，作为节能减排和应对气候变化工作的议事协调机构，并设立领导小组办公室承担具体日常工作。

在主管部门方面，试点地区均在主管部门下成立专门的应对气候变化处。

在研究机构方面，试点省市成立专门的应对气候变化研究中心或依托现有科研院所，开展应对气候变化相关研究。例如，北京市应对气候变化研究中心是北京市机构编制委员会批准的市发展改革委直属事业单位；广东省应对气候变化研究中心由中山大学与广东省发改委共同建立；深圳市应对气候变化研究中心由深圳市发改委与哈尔滨工业大学（深圳）签署合作共建。

为快速推进生态环境治理体系和治理能力现代化，2018 年 3 月，中共中央印发《深化党和国家机构改革方案》。该方案提出整合原环境保护部全部职责和其他 6 个部门相关职责，组建生态环境部，其中国家发展和改革委应对气候变化和减排的职责划转至新组建的生态环境部。同时，该方案要求中央和国家机关的机构改革要在 2018 年底前落实到位。所有地方机构改革任务在 2019 年 3 月底前基本完成。目前中央和地方层面应对气候变化和温室气体减排机构改革工作已完成。

（3）专门的碳交易工作机制。在碳交易方面，试点地区也形成了综合的工作机制，如上海碳交易试点工作机制（见图 3-5）。

2. 形成了全面完整的多层次制度框架体系

试点地区初步形成了包括总量目标、覆盖范围、配额分配、MRV 制度、惩罚机制等包

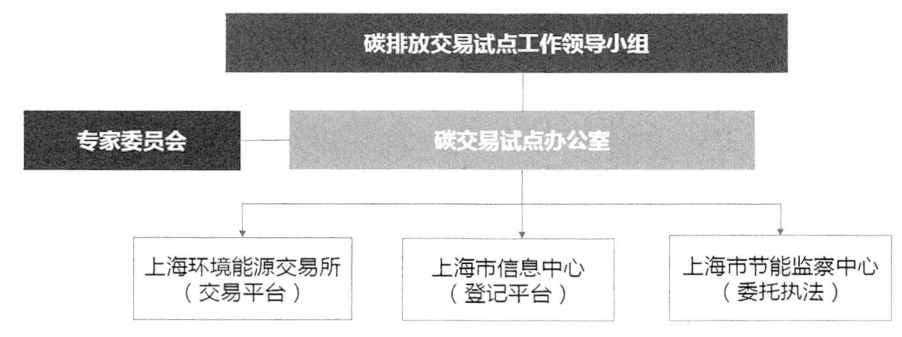

```
                  ┌─────────────────────────┐
                  │  碳排放交易试点工作领导小组  │
                  └─────────────────────────┘
                              │
        ┌─────────────┐       │
        │  专家委员会  │───────┼──────────────┐
        └─────────────┘       │              │
                    ┌─────────────────────┐
                    │   碳交易试点办公室   │
                    └─────────────────────┘
                              │
        ┌─────────────────────┼─────────────────────┐
        ▼                     ▼                     ▼
┌───────────────┐    ┌───────────────┐    ┌───────────────┐
│ 上海环境能源交易所 │    │  上海市信息中心 │    │ 上海市节能监察中心 │
│   （交易平台）   │    │   （登记平台）  │    │   （委托执法）   │
└───────────────┘    └───────────────┘    └───────────────┘
```

资料来源：作者根据相关资料整理。

图 3-5　上海碳交易试点工作机制

含碳交易关键要素在内的制度框架体系。同时，各试点对相关制度进行了及时、有针对性的修改完善，使得碳市场机制不断优化。

（1）覆盖范围不断扩大。随着试点的启动，2013—2014 年试点地区碳市场已覆盖 20 多个行业、2 000 余家企事业单位（郑爽，2014）。此后，北京、上海、广东、湖北等试点地区根据各自实际发展情况，对碳市场覆盖范围进行了调整。

2013—2014 年，北京碳市场重点排放单位涵盖北京市行政区域内的固定设施年二氧化碳直接排放与间接排放总量 1 万吨（含）以上，且在中国境内注册的企业、事业单位、国家机关及其他单位。[1] 2015 年，北京将重点排放单位范围调整为：本市行政区域内的固定设施和移动设施年二氧化碳直接排放与间接排放总量 5 000 吨（含）以上，且在中国境内注册的企业、事业单位、国家机关及其他单位。[2] 该次调整不仅将纳入门槛从 1 万吨降低至 5 000 吨，而且将该次城市轨道交通运营单位（行业代码 5412）和公共电汽车客运单位（行业代码 5411）纳入重点排放单位。经过调整，北京碳市场包括"原有重点排放单位""新增固定设施重点排放单位"和"新增移动源重点排放单位"的控排单位数量接近 1 000 家。

2016 年，上海在第一阶段工作的基础上，将第二阶段碳市场覆盖行业从 16 个拓展到 27 个，控排企业数量从不足 200 家上升到 300 家左右。

广东自 2016 年以后，在电力、钢铁、石化和水泥 4 个行业的基础上，将航空、造纸等行业企业纳入碳排放管理和交易范围。

湖北省于 2014 年启动之初[3]，将控排企业范围划定为综合能耗 6 万吨标准煤及以上企业，共纳入企业 138 家。2016 年，根据全国碳市场纳入行业标准，湖北将企业纳入范围

---

[1]　北京市政府：关于印发《北京市碳排放权交易管理办法（试行）》的通知，京政发〔2014〕14 号。
[2]　北京市政府：关于调整《北京市碳排放权交易管理办法（试行）》有关重点排放单位管控范围的通知，京政发〔2015〕65 号。
[3]　湖北省发展和改革委员会：关于印发《湖北省 2014 年碳排放权配额分配方案》的通知，鄂发改气候〔2014〕135 号。

进行调整①,具体范围为:一是符合国家碳市场纳入条件的企业,即石化、化工、建材、钢铁、有色金属、造纸和电力7大行业中,从2013年到2015年任意一年综合能耗1万吨标准煤及以上企业;二是其他从2013年到2015年任意一年综合能耗6万吨标准煤及以上工业企业,共计236家。2017年,湖北省将纳入企业门槛进一步调整为综合能耗1万吨标准煤及以上企业,共计344家。②

(2) 分配方法不断优化。常用的分配方法包括历史法、历史强度法和行业基准法。随着试点的推进、数据基础的完善以及工作经验的积累,试点地区对配额分配方法不断进行调整、优化和完善。一是减少历史排放法的应用范围,扩大历史强度法和行业基准法的适用范围;二是针对不同行业和特定行业内细分行业或细分流程的不同特点,对分配方法的适用范围进行细分。以上海和广东为例:

2013—2015年,上海采取历史排放法和基准线法开展碳排放配额分配。③ 对工业行业(除电力外)及商场、宾馆、商务办公等建筑,采用历史排放法;对于电力、航空、港口、机场等行业,采用基准线法。自2016年以来,上海不断优化和调整配额分配方法。④ 对发电、电网和供热等电力、热力行业企业(汽车玻璃生产企业2016年使用的是行业基准线法,2017年及后续年份不再使用)采用行业基准线法;对航空、港口、水运、自来水生产行业企业,以及主要产品可以归为3类(及以下)、产品产量与碳排放量相关性高且计量完善的工业企业,采用历史强度法;对商场、宾馆、商务办公、机场等建筑,以及产品复杂、近几年边界变化大、难以采用行业基准线法或历史强度法的工业企业,采用历史排放法。

2014年广东碳市场启动初期,其对电力、水泥行业采用基准线法,对石化、钢铁采用历史法。随着试点的推进,分配方式被更加深入的细分。以2019年碳排放配额分配实施方案为例⑤:对电力行业燃煤燃气发电机组(含热电联产机组),水泥行业的熟料生产和粉磨,钢铁行业的炼焦、石灰烧制、球团、烧结、炼铁、炼钢工序,普通造纸和纸制品生产企业,以及全面服务航空企业,采用基准线法分配配额;对电力行业使用特殊燃料发电机组(如煤矸石、油页岩、水煤浆、石油焦等燃料)及供热锅炉、水泥行业其他粉磨产品、钢铁行业的自备电厂、特殊造纸和纸制品生产企业、有纸浆制造的企业、其他航空企业,采用历史强度下降法分配配额;对水泥行业的矿山开采、钢铁行业的钢压延与加工工序以及石化行业企业,采用历史排放法分配配额。

(3) 市场主体和市场产品日益多样。碳市场的运行需要具有不同交易目的的市场主

---

① 湖北省发展和改革委员会:关于印发《湖北省2015年碳排放权配额分配方案》的通知,鄂发改气候〔2015〕708号。
② 湖北省发展和改革委员会:关于印发《湖北省2016年碳排放权配额分配方案》的通知,鄂发改气候〔2016〕791号。
③ 上海市发展和改革委员会:关于印发《上海市2013—2015年碳排放配额分配和管理方案》的通知,沪发改环资〔2013〕168号。
④ 上海市发展和改革委员会:关于印发《上海市2016年碳排放配额分配方案》的通知,沪发改环资〔2016〕138号。
⑤ 广东省生态环境厅:关于印发广东省2019年度碳排放配额分配实施方案的通知,粤环〔2019〕28号。

体共同参与。目前,试点地区已经形成了控排企业、自愿减排企业、金融机构、投资机构在内的多元市场主体,部分试点向自然人以及境外投资者开放。现货市场形成了以配额市场为主体、CCER 市场为补充的市场产品体系。部分试点地区推广碳积分等普惠制度,并探索与碳市场相连。同时,试点地区先后推出数十种碳金融创新产品。

3. 运行良好的碳市场机制形成

(1)交易情况。截至 2019 年 10 月 31 日,试点地区(含四川、福建)现货累计成交 3.88 亿吨,其中配额累计成交 3.55 亿吨,累计成交额为 77.94 亿元;CCER 累计成交 2.02 亿吨。

在配额市场上,广东以 1.34 亿吨位居全国第一(包括一级拍卖市场);湖北、深圳分别成交 6 577.5 万吨、5 497.6 万吨;上海、北京分别成交 3 790.9 万吨、3 588.7 万吨;福建、重庆和天津分别成交 1 036.6 万吨、903.3 万吨、704.5 万吨(见图 3-6)。

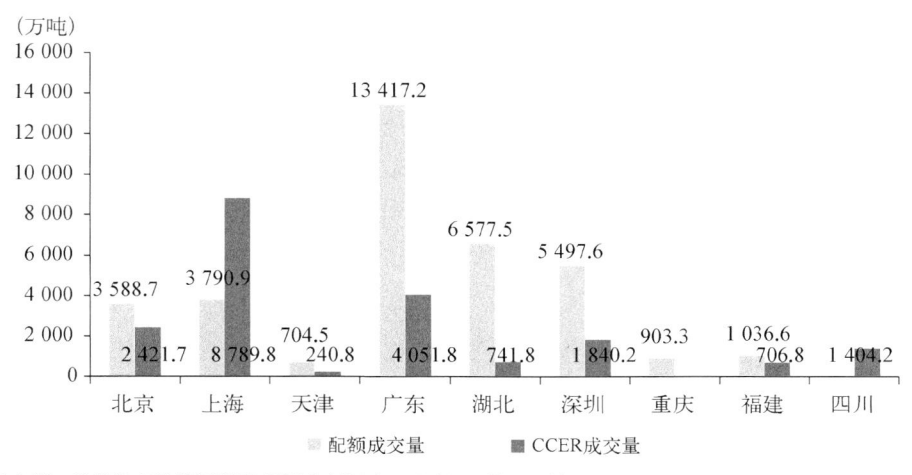

资料来源:根据各交易所网站数据汇总(截至 2019 年 10 月 31 日)。

图 3-6 试点地区交易情况

在 CCER 市场上,上海以 8 789.8 万吨遥遥领先;广东、北京、深圳和四川分别为 4 051.8 万吨、2 421.7 万吨、1 840.2 万吨、1 404.2 万吨;其他试点地区成交不足 1 000 万吨(见图 3-6)。

(2)履约情况。试点地区拥有相对完善的履约机制。试点运行这几年来,已普遍实现较高比例的履约率,部分试点连续多年实现 100% 履约率(见表 3-6)。

表 3-6　　　　　　　　　　试点地区履约情况　　　　　　　　　　单位:%

市场	2013 年	2014 年	2015 年	2016 年	2017 年	2018 年
北京	97.11 (403/415)	100 (543/543)	99 (—/954)	100 (947/947)	99.58 (939/943)	未公布
天津	96.49 (110/114)	99.11 (111/112)	100 (109/109)	100 (109/109)	100 (109/109)	100 (107/107)
上海	100 (191/191)	100 (190/190)	100 (191/191)	100 (312/312)	100 (298/298)	履约推迟至 11 月 29 日

续表

市场	2013 年	2014 年	2015 年	2016 年	2017 年	2018 年
广东	98.91 (182/184)	99.46 (183/184)	100 (186/186)	100 (244/244)	99.59 (245/246)	99.20 (247/249)
深圳	99.37 (631/635)	99.7 (634/636)	99.8 (635/636)	99.01 (803/811)	99.12 (787/794)	98.96 (758/766)
湖北	—	100 (138/138)	100 (168/168)	100 (236/236)	不详	履约推迟
重庆	—	未公布	未公布	未公布	未公布	未公布

注：2018 年信息截至 2019 年 11 月 30 日。括号中第一个数字表示完成履约的企业数（家），第二个数字表示控排企业数（家）。

资料来源：根据各试点主管部门、交易平台网站信息整理。

4. 碳排放总量、能源结构得到有效控制和优化

试点地区得益于碳交易的实施，碳排放量呈现下降趋势。

上海碳交易纳管企业碳排放总量得到有效控制，企业自主减排意识加强，高耗能工业行业碳排放降幅明显，能源结构持续优化，减排幅度高于全市整体水平。2017 履约年度的纳管企业实际碳排放总量相比启动初期时减少约 6%。

2014—2016 年，湖北同比排放量分别下降 3.1%、6.1% 和 2.04%（史乐蒙，2018）。

2013—2015 年，北京碳市场重点排放单位碳排放总量同比分别下降 4.5%、5.96% 和 6.17%；万元 GDP 二氧化碳排放量同比分别下降 6.69%、5.96% 和 9.3%。[1]

（二）全国碳市场进展

1. 制度建设

按照计划，我国碳市场最终要形成"1+3+N"的立法体系，即以《碳排放权交易管理条例》为中心，配套《企业碳排放报告管理办法》《第三方核查机构管理办法》《市场交易管理办法》和一系列实施细则。其中，《企业碳排放报告管理办法》明确了企业碳排放核算与报告的责任，规定核算与报告的程序和要求；《第三方核查机构管理办法》规定了核查机构的资质要求、认定程序、核查程序，以及对核查机构的监督管理等；《市场交易管理办法》规定了参与交易的交易品种、交易方式、风险防控，以及对交易机构的监督管理等。

2014 年，国家发展和改革委发布部门规章《碳排放权交易管理暂行办法》。2015 年，国家发改委起草完成《碳排放权交易管理条例（送审稿）》。2016 年，《碳排放权交易管理条例》被纳入国务院年度立法计划预备项目，由国务院法制办进行审查。

2017 年 12 月，国家正式启动全国碳排放权交易体系，并发布《全国碳排放权交易市场建设方案（发电行业）》。

---

[1] 国家应对气候变化战略研究和国际合作中心清洁发展机制项目管理中心. 中国碳市场建设调查与研究[M]. 北京：中国环境出版集团, 2018: 10 - 23.

2019年4月,生态环境部公布《碳排放权交易管理暂行条例(征求意见稿)》,该条例框架更为简化,同时强调信息披露、奉献控制的重要性,其公布无疑将为全国碳市场建设提供法律依据,为碳市场交易主体提供交易指引,有利于规范碳市场相关行业的发展,对全国碳市场具有重要的指导意义(洪睿晨,2019)。

2. 分配方案

2015年,相关部门制定了《全国碳交易市场配额分配方案(讨论稿)》(简称2015年《讨论稿》)并进行了分配试算。2019年9月30日,生态环境部发布《关于举办碳市场配额分配和管理系列培训班的通知》,附件为《2019年发电行业重点排放单位(含自备电厂、热电联产)二氧化碳排放配额分配实施方案(试算版)》(简称《2019年配额分配实施方案(试算版)》)。

《2019年配额分配实施方案(试算版)》总则包括二氧化碳配额、机组与分类、二氧化碳排放配额分配和配额履约管理等内容,并详细说明不同方案、不同分类机组的配额分配方法、配额分配与核定流程(配额预分配和最终配额核算)。

同时,生态环境部要求各省级生态环境主管部门按照《2019年配额分配实施方案》(试算版)自行组织开展配额试算,组织填报行政区域内发电行业各重点排放单位(含自备电厂、热电联产)配额分配的相关数据,并将配额试算结果于2019年12月6日前报送应对气候变化司。

对比《2019年配额分配实施方案(试算版)》与2015年《讨论稿》,配额分配方案有几处显著变化。

(1)机组类型。2015年《讨论稿》根据燃料类型、压力、机组容量将电力行业划分为11个类型。《2019年配额分配实施方案(试算版)》根据燃料类型、机组容量,划分为两个方案:方案一按常规燃煤机组,燃煤矸石、水煤浆等非常规燃煤机组(含燃煤循环流化床机组),燃气机组分别设定行业基准值;方案二按300兆瓦等级以上常规燃煤机组、300兆瓦等级及以下常规燃煤机组,燃煤矸石、水煤浆等非常规燃煤机组(含燃煤循环流化床机组),燃气机组分别设定行业基准值。

上述两个方案均不考虑燃油机组。同时,《2019年配额分配实施方案(试算版)》明确鼓励燃气机组按二氧化碳排放限制要求进行生产,暂不强制要求企业对其所拥有的燃气机组履行碳减排责任和义务,燃气机组多余的配额可以到碳排放权交易市场上出售。具体两个方案对比如表3-7所示。

表3-7 《2019年配额分配实施方案(试算版)》和2015年《讨论稿》对比

文件	《2019年配额分配实施方案(试算版)》	2015年《讨论稿》
计算公式	供电配额总量+供热配额总量	供电配额总量+供热配额总量
供电配额计算方法	供电配额总量=供电量×排放基准×冷却方式修正系数×供热量修正系数	供电配额总量=供电量×排放基准×冷却方式修正系数×供热量修正系数×燃料热值修正系数

续表

文 件	《2019年配额分配实施方案（试算版）》	2015年《讨论稿》
供电排放基准值	方案一： 常规燃煤机组 1.015 吨二氧化碳/兆瓦时 非常规燃煤机组 1.015 吨二氧化碳/兆瓦时 燃气机组 0.382 吨二氧化碳/兆瓦时 方案二： 常规燃煤机组（300兆瓦以上）0.989 吨二氧化碳/兆瓦时 常规燃煤机组（300兆瓦及以下）1.068 吨二氧化碳/兆瓦时 非常规燃煤机组 1.015 吨二氧化碳/兆瓦时 燃气机组 0.382 吨二氧化碳/兆瓦时	超超临界1000兆瓦机组 0.8066 吨二氧化碳/兆瓦时 超超临界600兆瓦机组 0.8267 吨二氧化碳/兆瓦时 超临界600兆瓦机组 0.861 吨二氧化碳/兆瓦时 超临界300兆瓦机组 0.8748 吨二氧化碳/兆瓦时 亚临界600兆瓦机组 0.8928 吨二氧化碳/兆瓦时 亚临界300兆瓦机组 0.9266 吨二氧化碳/兆瓦时 高压超高压300兆瓦以下机组 1.0177 吨二氧化碳/兆瓦时 循环流化床IGCC 300兆瓦及以上机组 0.9565 吨二氧化碳/兆瓦时 循环流化床IGCC 300兆瓦以下机组 1.1597 吨二氧化碳/兆瓦时 燃气F级以上机组 0.3795 吨二氧化碳/兆瓦时 燃气F级以下机组 0.5192 吨二氧化碳/兆瓦时
供电冷却方式修正系数	水冷为1，空冷为1.05	水冷为1，空冷为1.05
供热量修正系数	常规燃煤机组 1-0.23×供热比 非常规燃煤机组 1-0.23×供热比 燃气机组 1-0.6×供热比	燃煤电厂为 1-0.25×供热比 燃气电厂为 1-0.6×供热比
供热配额计算方法	供热配额=供热量×供热基准值	供热配额=供热量×供热基准值
供热排放基准值	常规燃煤机组为 0.135 吨二氧化碳/吉焦 非常规燃煤机组为 0.135 吨二氧化碳/吉焦 燃气机组为 0.059 吨二氧化碳/吉焦	燃煤机组 0.1118 吨二氧化碳/吉焦 燃气机组 0.0602 吨二氧化碳/吉焦
预分配	预分配以2018年的供电量/供热量为基准，预分配70%的配额，最终核定的配额量与预分配的配额量不一致的，以最终核定的配额量为准，多退少补	配额分配时以2015年的产量为基准，初始分配70%配额，实际配额待核算出实际产量后多退少补

资料来源：作者根据相关资料整理。

（2）细分基准线。一是机组分类（细分基准线）数量。《2019年配额分配实施方案（试算版）》可以说是大大简化了机组分类，也减少了电力行业内部细分基准线的数量。基准线数量下降无疑会大幅减少碳市场建设的工作量，降低市场管理成本，但常规燃煤机组不分类或者仅分为300兆瓦及以下和300兆瓦以上两个类型恐怕无法充分反应不同压力、不同容量机组的排放情况。

二是非常规机组。《2019年配额分配实施方案（试算版）》单独规定了燃煤矸石、水浆等非常规机组（含燃煤循环流化床机组），有利推动了相应技术路线的发展。煤矸石燃烧发电是煤矸石进行综合利用和无害化处理、资源化处置，提高煤矸石附加值和经济效益的重要方式。水煤浆作为清洁液体燃料，是清洁煤技术的重要组成部分，具有节能、高效燃烧和低污染等优点。

三是自备电厂。对于近期关于自备电厂是否该纳入全国碳市场的讨论中，《2019年配额分配实施方案（试算版）》明确包括了自备电厂。部分技术落后、效率低下的自备电厂,将面临较大压力。

（3）基准值。《2019年配额分配实施方案(试算版)》中关于各类机组2019年行业基准值,明确规定以2018年各类机组的平均单位供电量二氧化碳排放值和平均单位供热量二氧化碳排放值为基础,按照"鼓励先进、适度从紧"的原则确定。

从供电排放基准值来看(见图3-7),方案一中常规燃煤机组和非常规燃煤机组基准值,仅低于循环流化床IGCC 300兆瓦以下(1.159 7吨二氧化碳/兆瓦时)和高压超高压300兆瓦以下(1.017 7吨二氧化碳/兆瓦时)两种机组。方案二中常规燃煤机组（300兆瓦及以下）,仅低于循环流化床IGCC 300兆瓦以下(1.159 7吨二氧化碳/兆瓦时),高于高压超高压300兆瓦以下机组(1.017 7吨二氧化碳/兆瓦时)、循环流化床IGCC 300兆瓦及以上机组(0.956 5吨二氧化碳/兆瓦时)、亚临界300兆瓦机组(0.926 6吨二氧化碳/兆瓦时)、超临界300兆瓦机组(0.874 8吨二氧化碳/兆瓦时);而常规燃煤机组(300兆瓦以上),高于2015年版本中的所有大于300兆瓦机组类型排放基准值。

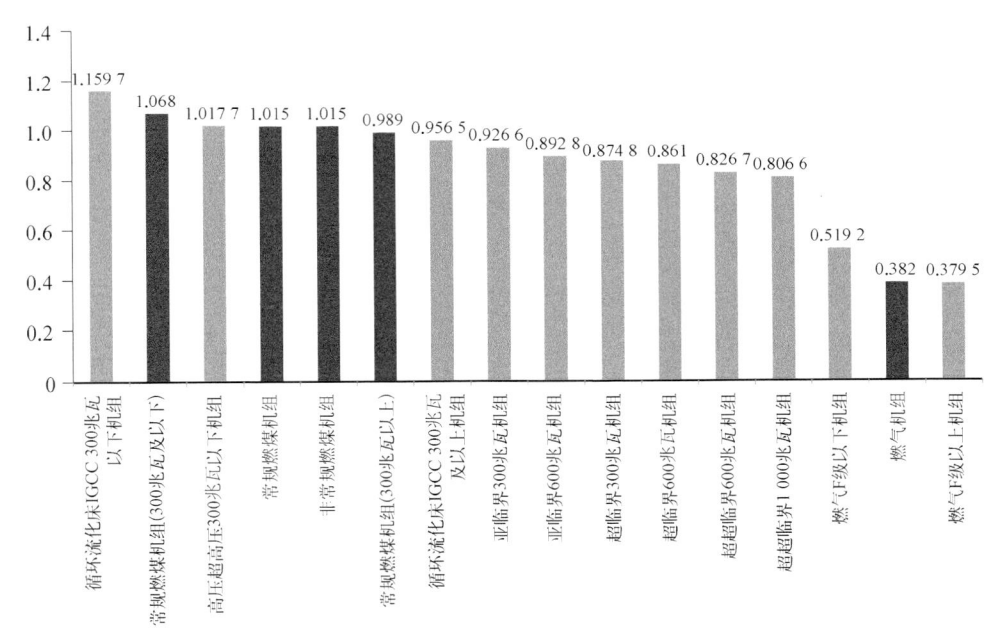

注：浅色和深色分别为2015年《讨论稿》和《2019年配额分配实施方案(试算版)》中的机组分类。
资料来源：作者根据相关资料整理。

图3-7 供电排放基准值

根据中电联报告,2018年全国单位火电发电量二氧化碳排放约841克/千瓦时,考虑到燃煤机组约占火电机组90%,在考虑电厂自用电和线损等因素,初步估计《2019年配额分配实施方案(试算版)》确定的常规燃煤机组基准值应该不低于全国燃煤机组二氧化碳强度的平均水平。

从供热排放基准值来看(见图3-8),燃煤机组基准值从0.111 8吨二氧化碳/吉焦上升至 0.135 吨二氧化碳/吉焦,上升 20.75%。燃气机组则有所下降,从 0.060 2 吨二氧化碳/吉焦下降至 0.059 吨二氧化碳/吉焦,微降-1.99%。

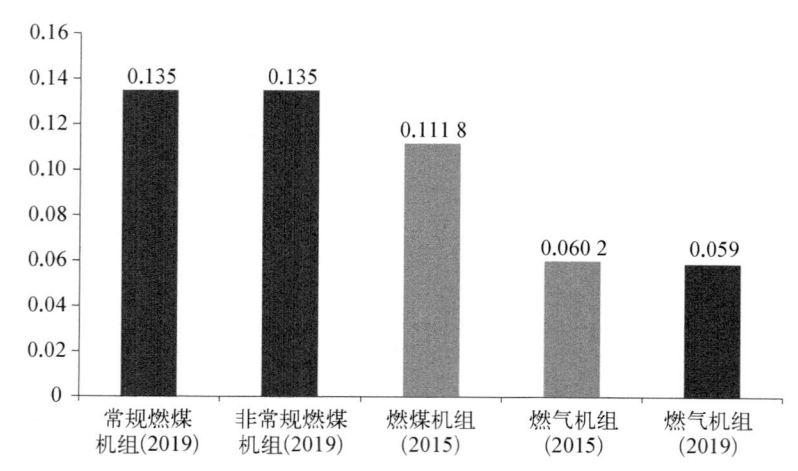

资料来源:2015 年《讨论稿》和《2019 年配额分配实施方案(试算版)》。

图 3-8　供热排放基准值

（4）修正系数。《2019 年配额分配实施方案(试算版)》规定常规燃煤机组供热量修正系数为 1-0.23×供热比,而 2015 年规定的燃煤电厂系数为 1-0.25×供热比;燃气机组不变,供热量修正系数仍然为 1-0.6×供热比。

2015 年《讨论稿》对供电排放配额计算设置了燃料热值修正系数,但只针对流化床 IGCC 机组,其他机组默认为 1;对于流化床 IGCC 机组低于 3 000 大卡的取 1.03,高于 3 000 大卡的取 1。

3. 监测、报告与核查体系

高质量的数据是碳市场建设的重要保障,也是确定配额总量、确定纳入碳市场企业名单、科学开展配额分配的基础。为此,全国碳市场要建立并完善科学、统一的监测、报告和核查方法,加强第三方核查机构培育和遴选的工作力度,确保核查质量,从而获得准确、可靠的排放数据。

2013—2015 年,国家分三批推出了 24 个行业温室气体排放核算方法与报告指南。

首批 10 个行业为电解铝、电网、发电、钢铁、化工、镁冶炼、民航、平板玻璃、水泥、陶瓷。上述 10 个行业标准已于 2015 年由国家标准委列为温室气体管理国家标准。[①] 第二批 4 个行业为石油和天然气生产、石油化工、独立焦化、煤炭生产。[②] 第三批 10 个行业为造纸和纸

[①] 国家发展改革委办公厅:关于印发首批 10 个行业企业温室气体排放核算方法与报告指南(试行)的通知,发改办气候〔2013〕2526 号。

[②] 国家发展改革委办公厅:关于印发第二批 4 个行业企业温室气体排放核算方法与报告指南(试行)的通知,发改办气候〔2014〕2920 号。

制品生产、其他有色金属冶炼和压延加工业、电子设备制造、机械设备制造、矿山、食品/烟草及酒/饮料和精制茶、公共建筑运营单位、陆上交通运输、氟化工企业、工业其他行业。①

在核算方法与报告指南的基础上,国家碳交易主管部门随之开展了碳排放数据报送工作。2016 年和 2017 年,国家发展改革委先后启动 2013—2015 年和 2016—2017 年重点排放单位历史碳排放数据的报送、核算和核查工作,目前相关工作已经完成。② 机构转隶后,生态环境部已于 2019 年初启动 2018 年度数据报送工作。③ 2018 年度碳排放报告与核查及排放监测计划制定了有关工作的范围,涵盖石化、化工、建材、钢铁、有色金属、造纸、电力、航空等重点排放行业,以及 2013—2018 年任一年温室气体排放量达 2.6 万吨二氧化碳当量(综合能源消费量约 1 万吨标准煤)及以上的企业或者其他经济组织。上述组织应按照核算方法和报告指南核算并报告其 2018 年的温室气体排放量及相关数据,并按照通知附件 2 的要求核算并报告上述指南中未涉及的其他相关基础数据。此外,2018 年度新纳入的组织还应按照通知附件 3 的要求制定并提交排放监测计划。

4. 能力建设

2018 年 9 月 6 日,生态环境部、中国电力企业联合会组织召开发电行业参与全国碳排放权交易市场动员部署会暨培训会,这是全国碳市启动以来的第一次高级别、广覆盖的培训活动。

2019 年 9 月 30 日,生态环境部发布《关于举办碳市场配额分配和管理系列培训班的通知》(环办培训函〔2019〕132 号),部署 8 期碳市场配额分配和管理系列培训班,培训对象超过 6 000 人,具体包括各省级生态环境主管部门负责碳市场建设相关工作的处级干部、支撑单位的技术骨干,以及全国碳市场发电行业重点排放单位(含自备电厂和热电联产)碳排放管理人员和技术人员。培训内容包括:全国碳市场建设等应对气候变化相关政策和下一步工作安排;省级主管部门排放数据报送管理、配额分配、交易管理、配额清缴、履约管理;重点排放单位注册登记系统和交易系统开户管理、碳排放数据报送、配额清缴和履约,以及配额试算和模拟交易。

5. 系统建设

《全国碳排放权交易市场建设方案(发电行业)》提出的全国碳市场支撑系统包括重点排放单位碳排放数据报送、碳排放权注册登记、碳排放权交易和碳排放权交易结算四大系统。其中,注册登记系统为各类市场主体提供碳排放配额和国家核证自愿减排量的法

---

① 国家发展改革委办公厅:关于印发第三批 10 个行业企业温室气体排放核算方法与报告指南(试行)的通知,发改办气候〔2015〕1722 号。

② 国家发展改革委办公厅:关于切实做好全国碳排放权交易市场启动重点工作的通知,发改办气候〔2016〕57 号;国家发展改革委办公厅:关于做好 2016、2017 年度碳排放报告与核查及排放监测计划制定工作的通知,发改办气候〔2017〕1989 号。

③ 生态环境部:关于做好 2018 年度碳排放报告与核查及排放监测计划制定工作的通知,环办气候函〔2019〕71 号。

定确权及登记服务,并实现配额清缴及履约管理;交易系统主要提供交易服务和综合信息服务。

目前,国家初步建立了企业碳排放数据报送系统。国家碳交易主管部门确定分别由上海和湖北牵头全国碳排放权注册登记系统和碳排放权交易系统建设。2019年,通过公开招标,恒生电子股份有限公司中标全国碳排放权交易系统建设。随着项目开发工作的稳步推进,全国碳交易系统开发工作已于2019年9月初步完成。

（三）碳市场存在的问题

1. 立法工作

碳市场的健康平稳运行,离不开法律保障。但目前我国碳市场依旧面临法律保障不足的问题。

在试点层面,7个试点地区中只有深圳和北京为地方性法规（人大决定）,上海、广东、湖北为地方政府规章,重庆、天津只是规范性文件。在国家层面,尽管主管部门多次表示将加快推进《碳排放权交易管理条例》,但该管理条例至今没有出台。

《中华人民共和国立法法》根据法的效力原理规定了法的位阶问题。宪法、法律、行政法规、地方性法规、部门规章与地方政府规章具有由上到下、从高到低的效力位置和等级。立法层级不高,不利于保障碳市场的健康稳定发展。一方面,我国目前碳交易法律规范中大部分仍以规范性文件和技术文件来管理,得不到国家强制力的保证;另一方面,《碳排放权交易管理条例》迟迟不能出台,导致国家立法的缺失,无法为试点碳市场提供法律保障,又因为法律原则和碳市场关键要素内容的不确定性,在某种程度上阻碍了试点和全国碳市场的发展。

碳市场立法问题可以归结为程序性、认知性和国际环境三个方面的原因。

一是程序性原因。立法依照法定的权限和程序,本身就耗时较长。根据《中华人民共和国立法法》规定,《碳排放权交易管理条例》作为国务院条例,属于行政法规,其制定过程要经过报请立项、起草、听取各方意见形成草案、国务院法制机构审查草案等多项程序,立法周期较长。

二是认知性原因。宏观层面对于碳市场的性质、定位和作用仍有许多问题需要讨论。在技术层面,部门职责分工、区域差异、机构资质核查等关键内容上仍存在分歧。此外,社会公众对气候变化问题的认知程度远远低于环境污染和生态破坏,公众对碳市场立法的诉求不足。

三是国际环境。尽管《巴黎气候协定》取得巨大成功,国际上碳市场不断发展,但是自美国特朗普政府宣布退出《巴黎气候协定》,以及加拿大安大略省退出碳排放交易和控制制度等事件后,导致国际社会运用碳市场工具应对气候变化受到了一定的负面影响。

2. 市场运行

碳交易试点运行以来,尽管初步建立了碳市场机制,但是在市场运行方面仍存在不足,其突出问题是碳价格信号不足和碳市场流动性不足。

(1)碳价格信号。价格机制是市场机制的核心。合理、相对稳定的碳价是碳市场稳定健康运行的关键,也是推动温室气体减排、引导低碳投资的重要信号。经过数年的发展,各试点地区已经形成初步的碳价,但碳市场的碳价格仍然存在问题。

一是总体碳价格偏低。碳价格的决定受到宏观经济发展、能源结构、碳市场供求关系等因素的影响。目前碳价格尚不能完全反映减排的边际成本,无法充分带动低碳减排事业的推进。

二是碳价格波动剧烈。受配额的总体供需情况、政策不确定性、市场流动性、市场预期等因素影响,各试点市场碳价格波动明显(见图3-9)。2013年6月,深圳碳交易市场启动之初,碳价大致在30元/吨,随后在3个月不到的时间内其价格就增加了3倍,超过100元/吨,这是迄今为止试点市场的最高价格,但随后价格又大幅跳水。2016年上海碳交易市场碳价经历大幅波动,首个交易日SHEA15开盘价为10.60元,在第一阶段试点期临近结束时,上海碳配额各品种挂牌交易均价从年初的10元/吨左右逐渐下跌至5元/吨左右,但随着配额结转政策的出台,配额价格在6月履约期反弹至8元/吨左右。随着2016年11月18日上海碳交易市场配额结转的完成及第二阶段试点的交易启动,SHEA价格迅速上涨,至年终反弹达20元/吨以上,并在2017年延续上升趋势,2017年最高成交价达到42元/吨。

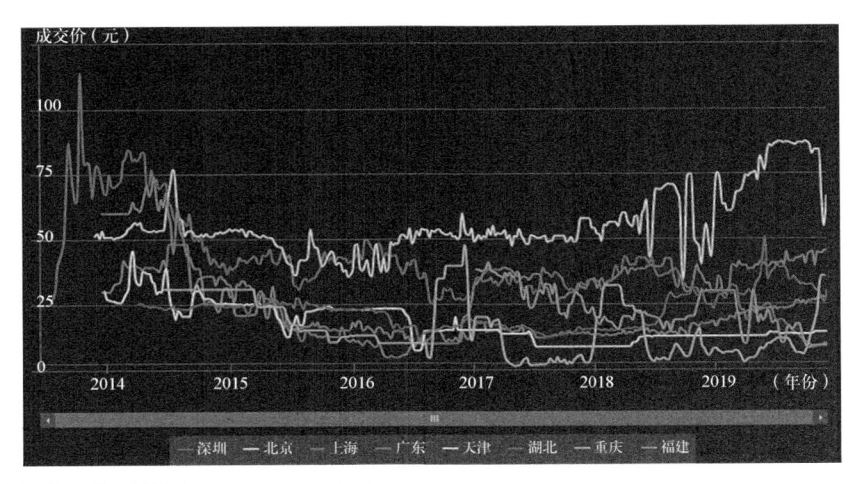

资料来源:中国碳交易网,http://www.tanjiaoyi.com。

图3-9 2013年6月17日至2019年12月5日国内碳交易试点价格走势

(2)市场流动性。总体来看,目前试点碳市场流动性不足,交易活跃度有待提高。以上海碳交易试点为例,2013—2018年上海配额年流通率分别为1.3%、1.9%、7.8%、6.4%和3.6%(见表3-8),与EU-ETS等成熟碳市场相比仍有巨大差距。以2018年为例,EU-ETS总分配量(EUA)约17亿吨,二级市场总成交量(EUA)约98亿吨,交易/分配的比值约 5.8。鉴于 EU-ETS 交易以期货等衍生品为主,即使只考虑现货市场,交易量依然可观。2018 年 EUA 现货成交量约 7.65 亿吨(见图 3-10),配额现货年流通量超过 40%。

表 3-8 上海碳市场流动性

年 度	配额交易量(万吨)	配额总量(万吨)	比值(%)	CCER 交易量(万吨)
2013—2014	200	15 500	1.3	交易未启动
2015	294	15 500	1.9	2 543.1
2016	1 204	15 500	7.8	1 126.2
2017	996	15 600	6.4	2 600.6
2018	574	15 800	3.6	1 183.0

资料来源:作者根据相关资料整理。

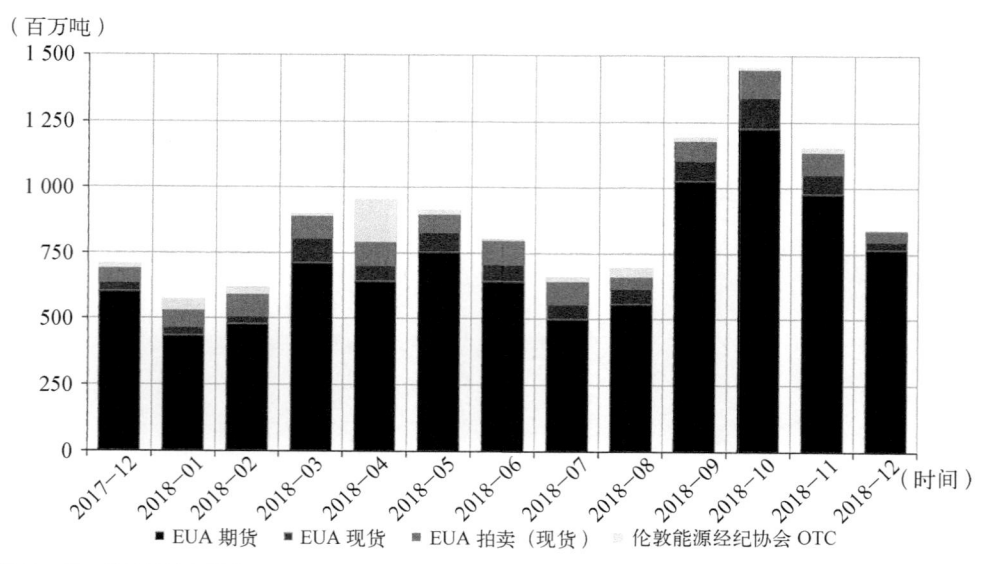

资料来源:德国排放交易管理局(DEHSt)。

图 3-10 2017 年 11 月至 2018 年 12 月 EU-ETS 月度成交量

碳交易存在明显的季节性,试点市场交易集中在履约季,交易集中程度偏高(见图 3-11、图 3-12)。通过比较日交易量最多的前 20% 交易日交易量总和与总交易量的比值,2016 年 7 个碳交易试点交易集中度普遍偏高,年交易集中度最低的是湖北碳市场与深圳碳市场,占 65% 左右,其他 5 个地区都超过了 90%。[1] 对比 EU-ETS 市场,交易量尽管也存在波动,但没有明显的季节性差异。

碳交易市场运行存在的问题主要由立法、政策实施、市场主体等多方面的原因造成。

首先,如上文所述,碳市场面临立法工作滞后、法律保障不足的问题。

---

[1] 北京环维易为低碳技术咨询有限公司.环维易为中国碳市场研究报告 2017[R].2017:48-49.

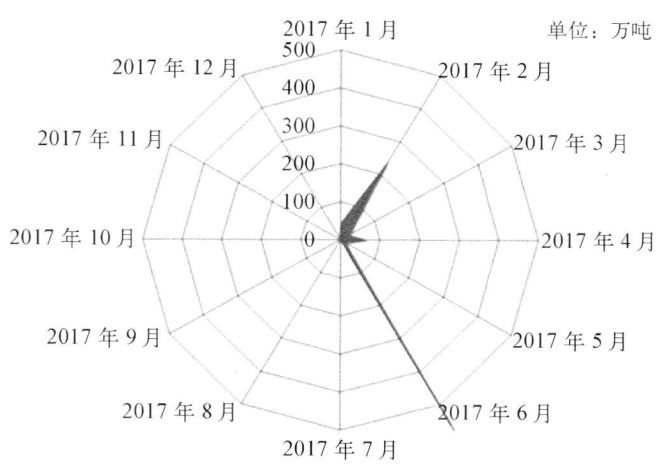

资料来源:《2017 上海碳市场报告》。

图 3-11　2017 年上海碳市场配额现货交易分布

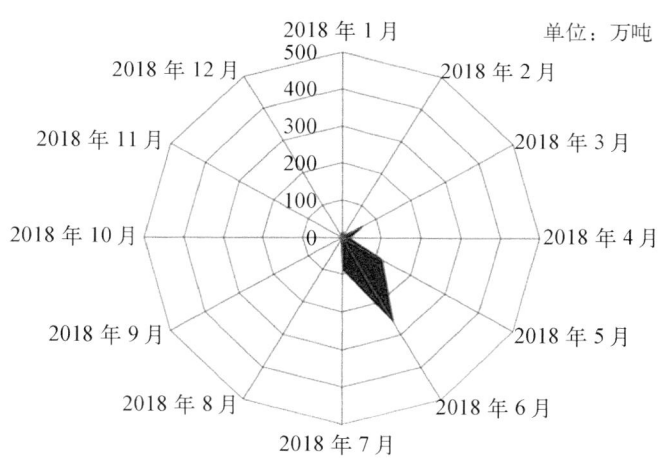

资料来源:《2018 上海碳市场报告》。

图 3-12　2018 年上海碳市场配额现货交易分布

其次,从政策角度来看,在碳试点运营过程中,为保障碳市场的运行,政府不断优化市场规则。例如,2015 年各试点碳市场对碳排放交易试点期间有关抵消机制使用规定和 CCER 的使用条件做出调整。但由于政策调整缺乏广泛的社会参与度,部分市场主体蒙受损失,也降低了投资者参与碳市场的积极性。从市场主体来看,控排企业参与碳市场的能力和动力不足。碳市场控排企业市场认知、管理流程、风险控制、交易动机和交易工具等方面还无法完全与碳市场相匹配。从市场认知来看,很多企业仍然把碳交易作为完成履约任务的工具,对碳交易市场化工具的性质认知不足。从企业内部管理流程来看,控排企业多为制造型企业,碳市场专业人才不足;碳排放数据核算、配额交易、金融产品操作分属集团不同部门,深入参与碳市场操作难度高。从风险来看,由于纳入碳交易体系的控排企业以国有企业为主,非金融类国企对参与金融性经营活动的潜在风险更为审慎。从交易动机来看,企业也面临风险和收益不匹配的问题。从试点的趋势来看,配额总量逐步收紧,市场主体预期未来碳价将上涨,存在"惜售"的现象,造成市场上有效供给不足。从交易工具来看,控排企业对碳金融工具运用并不充分,或者对现有碳金融工具认识不足。此外,碳市场中中小企业缺乏碳交易能力。由于市场规模小、流动性差,金融机构也面临成本和收益不匹配的问题。

3. 信息披露

碳市场信息公开是其高效运行的基础,也是政府信息公开的必然要求。在我国碳交易试点和全国碳市场建设过程中,信息公开制度建设取得了一定成效,但目前信息公开的广度和深度仍显不足。

(1)国家层面。2014年底,国家发改委发布《碳排放权交易管理暂行办法》,对碳市场信息作出以下规定。

第三十四条 国务院碳交易主管部门应及时向社会公布如下信息:纳入温室气体种类,纳入行业,纳入重点排放单位名单,排放配额分配方法,排放配额使用、存储和注销规则,各年度重点排放单位的配额清缴情况,推荐的核查机构名单,经确定的交易机构名单等。

第三十五条 交易机构应建立交易信息披露制度,公布交易行情、成交量、成交金额等交易信息,并及时披露可能影响市场重大变动的相关信息。

从信息公开主体来看,明确规定国务院碳交易主管部门需公布碳市场机制设计的信息,而交易机构负责披露交易信息;从信息公开内容来看,采用了肯定式列举的方式,但信息公开的内容有限。

2019年4月,生态环境部发布的《碳排放权交易管理暂行条例(征求意见稿)》第十五条专门对信息披露进行规定,提出"国务院生态环境主管部门应当组织定期公布碳排放权交易信息和各年度重点排放单位的碳排放配额提交完成情况"。

(2)试点层面。目前,我国碳交易试点地区已逐步建立了地方规定—交易规则—交易信息管理办法三个层次的碳市场信息管理和公开制度。地方规定(地方性法规、政府规章和规范性文件)对信息管理和公开进行原则性规定。交易规则由试点地区碳交易平台(交易中心、交易所)制定,明确规定交易信息的管理和公开。此外,上海和重庆等部分试点地区的交易平台还制定了专门的信息管理办法。

经过近三十年的发展,我国金融市场日趋成熟,建立了系统化的信息披露机制。例如,《中华人民共和国证券法》对包括证券发行的信息披露和持续信息公开的信息披露制度作出明确规定;《上市公司信息披露管理办法》要求信息披露义务人应当真实、准确、完整、及时地披露信息,不得有虚假记载、误导性陈述或者重大遗漏。除财务信息外,包括环境信息在内的ESG信息披露也日益加强。2017年,中国证监会明确要求上市公司应在公司年度报告和半年度报告中披露其主要环境信息。但是,国内碳市场信息披露与传统金融市场、欧盟等成熟碳市场相比仍有很大的差距。

作为 EU-ETS 的法律基石,《温室气体排放交易体系指令》(Directive 2003/87/EC)对信息披露作出明确规定。此后,欧盟在多部立法中对信息公开和披露作出进一步的规定,逐步建立了完善的信息披露制度。欧盟每年公布的《欧盟碳市场运行报告》涉及大量碳市场信息,特别是详细介绍了碳市场供需情况。市场各方可以通过报告了解 EU-ETS 的供求关系,判断碳市场价格走势。欧盟还连续发布专门报告公布年度排放和履约情况等数据。除整体情况外,EU-ETS 通过 EUTL 公开国家信息和纳入 EU-ETS 的每家机构的信息。其中,国家信息包括该国家 EU-ETS 每阶段的分配总量、纳入企业名单等;机构信息包括机构的一般信息(名称、地址、账户号等)、碳配额分配情况、履约情况等。

（四）优化碳市场的建议

1. 积极推进立法工作

一是统一对碳市场的认知。尽管国际和国内试点碳市场运行存在或多或少的问题,碳交易在短期内也会增加企业的运行成本,但碳交易作为低成本应对气候变化的市场化措施,对于控制气体排放具有重要作用,长期来看有利于我国产业结构的优化调整。二是国家相关部门应加快全国碳市场立法工作。建议由生态环境部牵头,以多种形式广泛征求各方意见,尽快在关键问题上达成一致。同时,加强同司法部的沟通,争取将《碳排放权交易管理条例》再次纳入国务院年度立法计划,加快立法进程,推动管理条例尽快出台。

2. 改善市场运行效果

为增强市场功能、改善市场运行效果,建议如下:

（1）在机制设计中要保证严谨性和灵活性。碳市场建设要保证配额总量、分配方法、抵消机制等关键要素的严谨科学,同时要保证机制的灵活性,引入市场调节机制,如在总量设定中要充分考虑排放数据误差、经济外部性冲击等因素,并制定相应的应对措施。

（2）保证碳价格在合理范围内。国家需要组织专业机构和专家学者,综合考虑边际减排成本、企业承受能力、低碳技术推动等因素,深入研究全国碳市场,保证碳价格在合理范围内。在科学研究的基础上,为维护合理的碳价格,可以采取以下措施:一是发挥一级市场拍卖作用,为碳市场提供价格信号和预期;二是建立政府市场公开操作机制,在碳价格过低或过高时,政府购买或出售碳配额,调节市场价格;三是进一步开发和推广碳金融产品,发挥碳金融产品价格发现的作用,保证碳价在合理范围内运行。这样既可避免价格过高,增加企业负担,损害经济发展,也可避免碳价过低,造成减排动力不足。

（3）合理设置国家核证自愿减排量抵消标准。国家碳交易主管部门待《全国碳交易管理条例》出台后,对《温室气体自愿减排交易管理暂行办法》进行了修订,并且对 CCER 的类型、期限和抵消比例等要素作出明确规定。在政府"放管服"的背景下,建议国家依托独立第三方机构,对减排项目的审定、减排量的签发进行管理。

（4）政策实施注重可预测性和衔接性。要降低碳市场参与方的避险需求，需要保证碳市场政策的相对一致性，给市场稳定的预期。应制定和完善政策调整程序，增加社会公众特别是利益相关方的参与，提高政策的可预测性和衔接性。从试点市场运行来看，上海2016年度、2017年度碳排放配额分配方案均在年底发布，一定程度上造成政策空白期和空档期。获得碳配额后，控排企业在履约前持有碳配额时间不足，不能有效进行配置安排。因此，制定完善并及时公布碳排放交易年度配额分配方案，对于指导控排企业和投资机构参与碳交易具有重要作用，也是投资决策的重要参考。

3. 加快全国碳交易机构的建设

在推动建设安全可靠、运行高效的交易系统的同时，也要加快相关系统管理机构的建设。目前上海承担着全国碳交易系统的工作，考虑到交易管理机构在碳市场建设和运行中具有的重要意义，建议国家和地方政府加强政策协调，推动全国碳交易所尽快组建和运行。

4. 信息公开

建议在试点市场和全国碳市场相关规定中确立以"公开为原则、不公开为例外"的原则。

（1）信息披露义务人。碳市场涉及政府主管部门、交易平台、企业等，需要针对不同主体提出信息披露的要求。碳排放管理工作的主管部门在保证国家秘密和商业秘密的前提下，应公开所有同碳市场相关的信息。生态环境部作为我国碳市场的主管单位，负责对碳排放信息公开工作进行综合协调、组织实施和监督保障，特别是应将碳市场信息公开作为全国碳市场制度体系建设的重要内容，将碳市场信息中公开的基础设施和碳排放数据报送系统优化完善，并且与全国碳排放权注册登记系统和交易系统建设运行结合起来。与此同时，要加强碳排放主管部门同相关政府部门的协调，如协调证监会推动上市公司通过年度报告和半年度报告公开碳市场信息。此外，交易平台应该及时、准确披露碳市场交易信息，鼓励企业在完成强制披露的基础上，自愿披露碳排放数据、履约情况等信息。

（2）明确信息披露的范围和方式。对于信息披露的范围，建议采用概括式或否定式列举，或者是概括式+否定式列举的混合方式，不建议采用现行的肯定式列举方式。肯定式列举尽管具有简单、明确的特点，但公开的范围有限，而且无法适应未来碳市场的发展和调整。概括式对信息公开范围进行一般性、概括性的规定，符合规定的信息均应公开。否定式列举对不属于信息公开范围的信息进行明确和排除，没有排除的信息一律公开。

（3）确立惩罚机制。应明确不履行碳市场信息公开义务的法律责任，对无法准确、完整、及时公开相关信息的信息披露义务人进行惩罚。

5. 制定与"两个阶段"相协调的长期减排策略

经济社会的低碳转型是一个漫长的过程，需要有系统化的减排目标来指引。目前，中国明确提出的减排目标是将在 2030 年左右使二氧化碳排放达到峰值,并争取尽早实现。在此基础上,需要科学论证并系统制定短期、中期和长期减排目标,即短期要科学制定"十四五"(2021—2025 年)减排目标,中长期要与两个发展阶段目标相一致。

6. 注重不同机制的协调

目前我国除碳交易机制外,先后推出了节能目标、用能权、排污权、电力交易、资源税、环保税等机制。不同政策组合的实施,有利于实现政策互补,也面临着重合和冲突的问题。

以能耗总量控制和节能目标("双控"目标)同碳市场的关系为例,纳入碳市场的重点用能单位面临能耗"双控"目标和碳排放目标的双重考核。在碳市场中,企业可以通过市场化手段买卖配额,完成其配额提交义务。但在"双控"目标下,除了试点地区外,企业不能进行节能量或者用能权的买卖,无法以比较低的成本完成"双控"目标。企业通过实施技术升级改造等可以带来节能和降碳的双重成效,既可以获得节能方面的财政资金补贴奖励,也可以在全国 ETS 中获益,但两者之间可能存在标准不一致、重复补贴等问题(段茂盛,2018)。

因此,建设碳市场要具有宏观视野,要与能源体制变革、电力市场化改革相互结合、相互协调,形成合力。建议未来国家建立健全生态环境权益系统交易制度和市场体系,注重碳排放权与排污权、用能权、节能量交易等机制的协调协同,加强不同机制的信息共享,提高不同管理机构的协同合作。

7. 设立低碳专项基金,支持碳市场、低碳技术发展

EU-ETS 通过设立 NER300 基金、现代化基金和创新基金,有力地支持了欧盟特别是相对落后国家的低碳转型,推动了低碳技术的发展和应用。我国在国家层面和碳交易试点层面已经设立专项基金,对于基金的运作积累了一定经验。详见附件一。

建议国家考虑利用碳配额拍卖收入或专项资金,设立低碳发展基金,或者推动现有相关低碳基金转型;投资与低碳发展相关的领域,重点支持碳市场建设,从而有效增加低碳发展的资金供给,克服单纯通过市场配置资本的市场失灵问题。同时,利用政府资金的引导作用,发挥财政资金杠杆放大效应,撬动私人资金,带动全社会对低碳发展领域的投资。

为保证基金运作的规范化、程序化和制度化,从项目申报、尽职调查、项目评审、贷后管理、绩效评价等方面入手制定严格的制度和风控措施。

四、建设上海碳金融中心

(一)碳金融与上海国际金融中心建设

1. 上海国际金融中心建设

2009 年,国务院出台《关于推进上海加快发展现代服务业和先进制造业建设国际金

融中心和国际航运中心的意见》,提出上海"到2020年基本建成与我国经济实力和人民币国际地位相适应的国际金融中心"的目标。2018年底,经国务院同意,中国人民银行等八部门联合印发《上海国际金融中心建设行动计划(2018—2020)》,提出"到2020年,上海基本确立以人民币产品为主导、具有较强金融资源配置能力和辐射能力的全球性金融市场地位,基本形成公平法治、创新高效、透明开放的金融服务体系,基本建成与我国经济实力以及人民币国际地位相适应的国际金融中心,迈入全球金融中心前列"。

目前上海国际金融中心建设取得重大进展,进一步巩固了以金融市场体系为核心的国际金融中心地位,初步形成了全球性人民币产品创新、交易、定价和清算中心,已经成为国际上金融市场体系最为完备的城市之一和金融发展环境最佳的地区之一。同时,上海也是中外金融机构重要集聚地、金融对外开放最前沿和金融改革创新的先行区。

2019年3月,英国智库Z/Yen集团与中国(深圳)综合开发研究院联合发布第25期全球金融中心指数,该指数从营商环境、人力资源、基础设施、发展水平、国际声誉5个方面共133个指数对全球112个重要金融中心进行了评分和排名。这一最新的指数显示(见图3-13),上海国际金融中心继续位居全球第五位,仅次于美国纽约、英国伦敦、中国香港和新加坡。

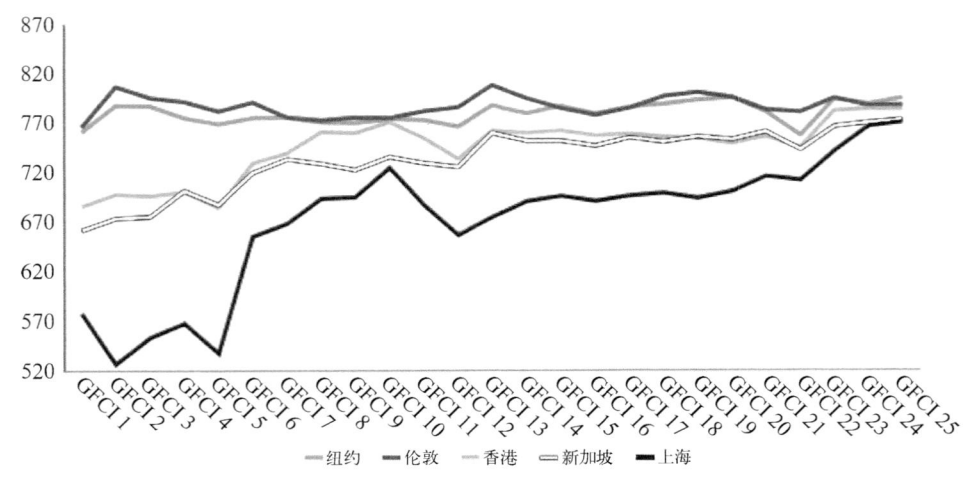

资料来源:第25期全球金融中心指数。

图3-13 全球金融中心指数排名变动情况

2. 绿色金融已成为世界各地金融中心的竞争要素

从全球来看,伦敦、巴黎等国际金融中心正致力于打造全球或区域绿色金融中心。

从国内来看,在国家大力推动绿色金融改革创新试验区建设的同时,北京、广东等国内金融中心也在绿色金融领域持续发力。2017年6月,国务院第176次常务会议审定,在浙江、广东、贵州、江西、新疆5个省区部分地区,建设各有侧重、各具特色的绿色金融改革创新试验区,在体制机制上探索可复制、可推广的经验。伴随绿色发展理念的不断深入和近一年的试点,国家绿色金融改革创新试验区有望迎来新一轮扩容,包括江苏省南京市、甘肃省兰州市、河南省郑州市、安徽省合肥市等有望入选我国第二批绿色金融改革创新试验区。2018年7月30日,中共北京市委、北京市人民政府印发《北京市关于全面深化改革、扩大对外开放重要举措的行动计划》的通知指出,争取设立国际绿色金融改革创新试验区,创新发展绿色金融工具,允许境外投资者直接参与试验区内绿色金融活动。国内的碳金融正在蓬勃发展,市场机制成功建立并顺利运转,参与主体日趋多元化,碳金融产品日益丰富,市场成交量逐年稳步扩大。2019年2月,中共中央、国务院印发《粤港澳大湾区发展规划纲要》,提出"支持广州建设绿色金融改革创新试验区,研究设立以碳排放为首个品种的创新型期货交易所"。

3. 碳金融的重要意义

(1) 碳金融具有价格发现的功能。碳金融市场虽然发展不太成熟,但随着碳金融市场配额与减排项目交易机制的逐渐优化、碳金融衍生品的不断创新与发展,碳交易的相关信息将得到及时、准确地反映,价格机制将更加成熟与完善,有利于为碳市场的各类参与主体提供决策支持。

(2) 碳金融市场具有分散风险、套期保值的功能。由于碳交易市场发展时间短、机制还不成熟与完善,致使价格波动剧烈,为市场参与主体带来了极大的风险。但碳金融市场相关产品,尤其是期货与期权衍生品的发展,对市场交易主体套期保值和分散风险提供了多样化的选择,有利于促进碳交易市场的活跃与发展。

(3) 碳金融市场具有传递信息,降低交易成本的功能。碳金融相关产品的发展,将促进相关市场信息得到及时的传递,尤其是期货与期权等金融衍生品,对提高流动性、促进碳交易更加标准化与透明化,发挥了极强的信息传递功能,有效地降低了市场交易成本。

(4) 碳金融体系将有助于我国人民币国际化进程。欧盟碳交易市场主要计价结算货币是欧元。目前,我国碳金融体系还不够健全,碳交易议价能力比较弱,建设有中国特色的碳交易市场,构建碳金融体系将有助于我国在人民币国际化进程中掌握更多的筹码,是我国争取低碳经济制高点的关键一步。

(二) 伦敦国际碳金融中心建设情况

作为全球最重要的国际金融中心和碳金融最早发展的地区,伦敦凭借完整的碳市场结构、完备的碳金融产品和完善的碳金融监管体系,一直占据国际碳金融中心的地位。

1. 伦敦是碳金融最早发展的地区

英国是碳交易机制的先行者和实践者。2002—2006年,英国建立了世界上第一个国家碳交易机制。伦敦作为英国首都和金融中心,是最早发展碳金融的地区之一,并在欧洲碳市场的建立和发展过程中一直都是欧盟碳交易和碳金融的中心。

2. 伦敦拥有完整的市场结构

按照交易性质划分,金融市场可以分为一级市场和二级市场;按照组织形式划分,金融市场可以分为场内市场和场外市场。伦敦凭借金融中心的优势,依托 ICE Futures Europe 等交易平台,具有完备的市场结构,包括 EU-ETS 场内市场和场外市场、一级市场和二级市场。

在碳市场早期,新的碳交易所纷纷建立,原有交易所也在不断拓展碳排放业务。例如,欧洲的巴黎 BlueNext 交易所、荷兰 Climex 交易所、奥地利能源交易所(EXAA)、欧洲气候交易所(ECX)、欧洲能源交易所(EEX)、意大利电力交易所(IPEX)和北欧电力交易所(Nord Pool)等;美洲有芝加哥气候交易所(CCX)、绿色交易所(Green Exchange)等。交易所具有透明度、流动性和便利性等优势,可以为碳交易双方降低交易成本、提高交易效率,目前已经成为碳交易的主要交易方式。随着交易所业务调整,乃至关停,不同交易所的合并和收购,目前主要的交易场所包括 ICE Futures Europe 和 EEX。

尽管相对于场内交易,场外交易在 EU-ETS 所占比重并不大,但作为重要的碳交易组织形式,场外交易仍然扮演重要的作用。位于伦敦的伦敦能源经纪协会(LEBA)在 EU-ETS 二级市场中也占有一席之地。在一级市场,根据欧盟规定,成员国应通过共同采购程序,确定共同的拍卖平台进行拍卖,但成员国有权选择退出共同平台,并指定该国拍卖平台。目前,德国、英国和波兰的拍卖单独进行,其他 25 国采用共同拍卖平台。EU-ETS 拍卖主要在两个交易所进行:EEX 是参与共同采购程序的 25 个成员国、波兰和德国的拍卖平台,拍卖量占到 EU-ETS 总拍卖量的 89%;ICE Futures Europe 是英国的拍卖平台,拍卖量占到 EU-ETS 总拍卖量的 11%(受英国脱欧影响,通过 ICE Futures Europe 进行的英国配额拍卖已经暂停),具体见图 3-14。二级市场包括现货和衍生品,ICE Futures Europe 作为 EU-ETS 二级市场的主要交易平台,市场份额常年保持在 85%~90%(见图 3-15)。2017 年和 2018 年 EU-ETS 成交量如图 3-16 所示。

资料来源:German Emissions Trading Authority(DEHSt)。

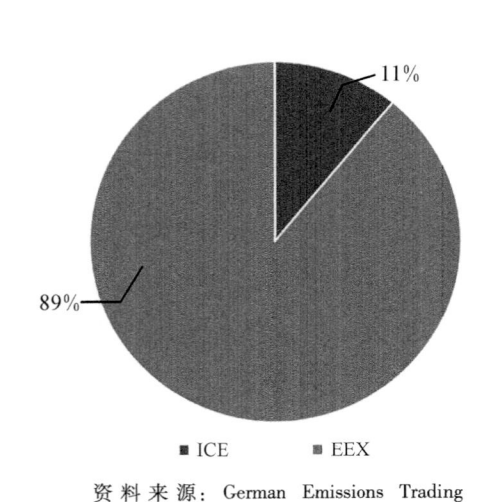

图 3-14 EU-ETS 一级市场份额

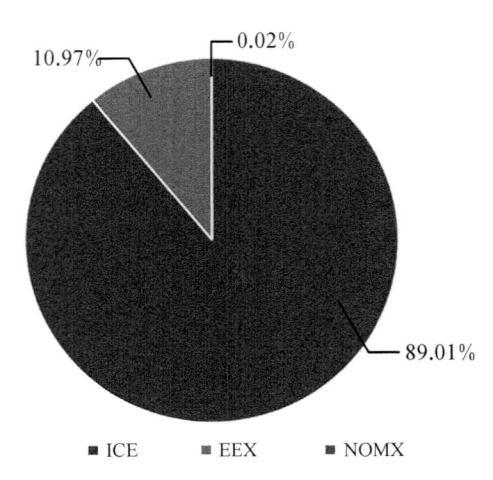

资料来源:German Emissions Trading Authority(DEHSt)。

图 3-15 EU-ETS 二级市场份额

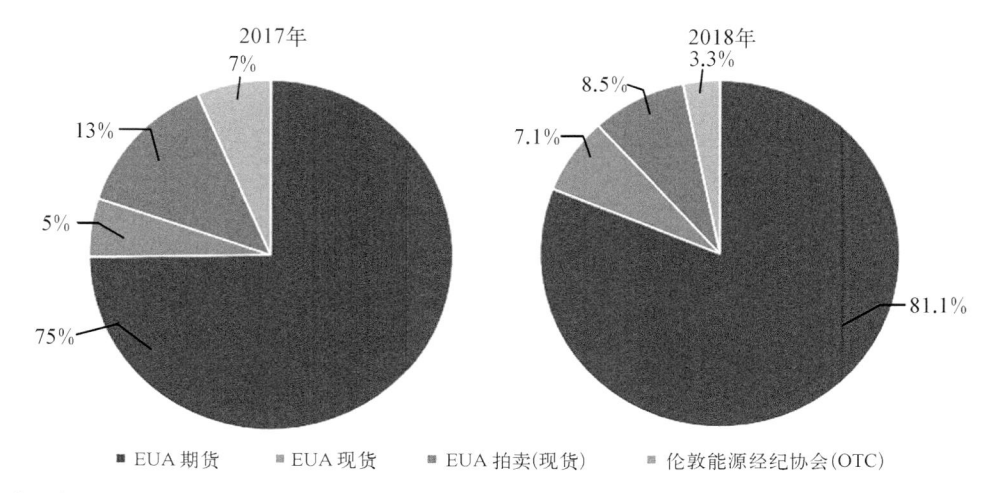

2017年: 7%, 13%, 5%, 75%
2018年: 3.3%, 8.5%, 7.1%, 81.1%

■ EUA 期货　■ EUA 现货　■ EUA 拍卖(现货)　■ 伦敦能源经纪协会(OTC)

资料来源：German Emissions Trading Authority (DEHSt)。

图 3-16　EU-ETS 成交量

3. 伦敦拥有完备的碳金融产品体系

经过多年发展，伦敦已经形成以碳排放权衍生品为主的较完备的碳衍生品交易体系，包括碳远期、碳期货、碳期权、碳互换等。从碳市场地理分布来看，目前伦敦碳金融市场覆盖 EU-ETS、CDM 机制和美洲碳市场产品，具体包括欧盟配额 EUA、航空碳配额 EUAA 和核证减排量 CER 等产品。

4. 伦敦拥有完善的碳金融监管体系

作为国际金融中心，伦敦碳金融不仅受到英国国内监管，也受到欧盟层面的监管。

一是欧盟层面。欧盟对碳金融的监管主要由宏观审慎监管和微观审慎监管组成。宏观审慎监管由附设于欧盟央行下的欧洲系统性风险委员会(ESRB)负责。ESRB 主要通过发布预警和提出建议等手段，对银行具体财务状况、金融市场上可能出现的系统性风险等进行监管。微观审慎监管方面建立了欧洲监管体系(ESFS)，由指导委员会(负责银行、证券和保险三大监管局及其与各成员管理金融监管当局的沟通和信息交流)、欧盟监管局[①]和各成员国的金融监管当局(ESMA)三个部分组成。

二是成员国层面。欧盟各成员国的监管机构通常为各国环保和金融管制机构。伦敦碳金融活动在受到欧盟监管的同时，也受到本国法律法规的监管，具体监管由英格兰银行、金融监管部门和财政部等机构监管(见表 3-9)。

作为高度金融化的碳市场，除了受到碳交易方面政策法规的管辖外，还要接受相关的金融市场法规的管理。从监管规则来看，包括《金融工具市场指令》(MiFID)、《市场滥用

---

① 包括欧盟银行业管理局(EMA)、欧盟证券市场管理局(ESMA)、欧盟保险和职业养老金监管局(EIOPA)。

表 3-9　　　　　　　　　　　　　　EU-ETS 监管制度

监管维度	监管提案	
金融工具监管体系	金融工具市场指令(MiFID)	金融工具市场指令(MiFID II)
	市场滥用指令(MAD)	市场滥用行为监管条例(MAR)
		市场滥用行为刑事制裁(CSMAR)
	反洗钱指令(Anti-MLD)	
	透明度指令(TD)	
	资本金要求指令(CRD)	
	投资者补偿计划指令(ICSR)	
能源商品监管体系	能源市场诚信与透明度规则(REMIT)	

资料来源:《中国碳金融市场研究》。

指令》(MAD)、《反洗钱指令》(Anti-MLD)、《透明度指令》(TD)、资本金要求指令(CRD)和投资者补偿计划指令(ICSR)以及有关场外交易的一些规定。此外,碳市场还受到能源商品监管体系《能源市场诚信与透明度规则》的监督。

5. 我国碳金融的发展现状

2014 年 5 月 9 日,国务院《关于进一步促进资本市场健康发展的若干意见》要求,发展商品期权、商品指数、碳排放权等交易工具。

2016 年 8 月 31 日,中国人民银行、财政部等七部委联合印发了《关于构建绿色金融体系的指导意见》,明确完善环境权益交易市场,丰富融资工具。一是发展各类碳金融产品,促进建立全国统一的碳排放权交易市场和有国际影响力的碳定价中心,有序发展碳远期、碳掉期、碳期权、碳租赁、碳债券、碳资产证券化和碳基金等碳金融产品和衍生工具,探索研究碳排放权期货交易。二是推动建立排污权、节能量(用能权)、水权等环境权益交易市场。三是发展基于碳排放权、排污权、节能量(用能权)等各类环境权益的融资工具,拓宽企业绿色融资渠道。

在政策支持下,国内的碳金融初步发展,市场机制基本建立并运转,参与主体日趋多元化,碳金融产品日益丰富,市场成交量逐年稳步扩大。

(1)碳金融产品日益丰富。各试点地区自开市以来都将产品创新作为扩大市场影响、服务参与主体、促进交易活跃的重点工作,不同试点地区共推出了近二十种碳金融创新产品,以碳配额回购、质押、借碳等融资产品为主,也出现了场外掉期、期权以及现货远期等交易产品。例如,湖北推出碳排放现货远期产品等;上海环境能源交易所和上海清算所推出国内首个标准化远期产品,采用中央对手方结算方式。

(2)市场参与主体日趋多元化。各个试点地区碳市场启动初期,参与主体多以控排履约机构为主,随着碳金融市场的发展,越来越多的自愿减排企业、金融机构、投资机构、自然人以及境外投资参与交易,央企及其碳资产管理公司、主流金融机构、碳基金等市场主体越来越活跃。随着市场规模的稳步提升,以及全国统一碳市场的发展预期和数年的试点市场交易,国内主流金融机构已广泛参与到各试点的产品创新及市场交易过程中,为未来的全国碳金融市场积累了大量经验。

然而,目前碳金融产品受制于基础碳市场的发展阶段,控排企业和投资机构并没有广泛、持续的参与碳金融。

(三)对于上海建设碳金融中心的建议

1. 完善碳交易现货市场基础

碳现货市场是碳金融发展的基础,碳金融的发展离不开碳交易现货市场的发展。因此,国家和上海碳交易主管部门要大力解决现行碳市场碳价、流动性等方面的不足。

建议上海在持续深化碳排放交易试点的同时,全力推进全国碳排放交易系统建设。在完善上海碳交易试点制定的过程中,完善本市碳排放交易年度配额分配方案,组织开展年度碳排放报告、核查和履约工作,坚持对本市碳交易实施规范、有效、稳定、有序的常态化运行管理。积极衔接全国碳排放交易工作,根据国家统一的要求,做好有关重点排放行业、子行业和企业的碳排放监测、报告及审核、核查工作,努力实现上海市场与全国市场的有效对接。

2. 出台绿色金融专项规划,开展绿色金融改革

建议上海市政府借鉴国内外相关经验,尽快出台绿色金融发展专项规划,选取部分地方建设绿色金融改革试验区,并在合适的机会,申报国家级绿色金融改革创新试验区。

将碳金融作为绿色金融的重要内容,综合考虑市场环境与特征、碳金融的主要定位和需求、投资者的认知等因素,制定分阶段、有步骤的碳金融发展战略。

3. 利用上海自贸区优势,探索引入境外投资者

上海作为新兴的国际金融中心,跨境碳金融发展将成为一个重要的方向。从市场建设角度来说,发展跨境碳金融可以促进上海碳交易的活跃程度,提高上海碳市场流动性,有利于碳价发现。在引入境外投资机构的同时,可以带来先进的碳资产管理经验和碳交易经验,帮助上海更好地服务国内市场。从国家宏观战略来说,引入境外投资机构,可以树立我国在国际碳市场和全球应对气候变化领域的国际地位,强化中国碳市场的国际影响力,促进中国碳市场与境外其他市场的连接。

在跨境碳金融发展方面,上海具有自贸区政策这一得天独厚的优势。根据中国人民银行上海总部正式发布的《中国(上海)自由贸易试验区分账核算业务实施细则(试行)》和《中国(上海)自由贸易试验区审慎管理细则(试行)》,在上海投资的境外机构都可以申请开立境外机构自由贸易账户——FTN,通过FTN多币种账户可以实现自由兑换,没有额度管制。

上海环境能源交易所自2015年以来,持续研究引入境外投资者方案,从资金管理和运行管理等各个方面对境外机构参与上海碳交易进行监管和风险控制,并起草了《关于境外交易者参与上海碳交易的方案》。目前,在中国人民银行和中国银行的支持下,上海自贸区开立了区内机构自由贸易账户——FTE,可用FTE账户同境内参与者和境外参与者进行相关的资金结算、划拨等业务。

建议上海市碳交易主管部门和金融监管部门,支持上海环境能源交易所在上海碳市场中探索引入境外投资者的工作。

4. 制定分阶段、有步骤的碳金融发展战略

碳金融的发展不是一蹴而就。碳金融产品的推广、碳金融生态的完善,需要综合考虑市场环境与特征、碳金融的主要定位和需求、投资者的认知等因素。上海碳金融发展阶段的初步建议详见表3-10。

表3-10　上海碳金融发展阶段

阶段	第一阶段：起步阶段（2013—2016年）	第二阶段：调整阶段（2017—2020年）	第三阶段：成长阶段（2021年以后）
市场环境与特征	市场认知度较低,现货交易为主,流动性不足,参与者少,碳金融产品开始出现,但成交量较小	市场认知度逐步提升,远期上线交易。全国统一市场启动,参与者在本阶段初期持观望态度,随着全国碳市场逐步平稳运行,参与者增加,流动性逐步提升,成交量逐步放大	市场认知度较高,流动性较高,碳金融衍生品的作用逐渐凸显,成为碳市场主要交易产品,有望接轨国际碳市场
主要目标	活跃碳现货市场,增加流动性,吸引更多机构投资者	活跃碳现货市场,增加流动性,吸引更多机构投资者。丰富碳管理手段,控制企业交易的成本和风险,满足控排企业套期保值和风险对冲需求。平抑现货市场价格,降低市场风险。提升上海碳金融市场的国际化水平	掌握碳定价权,逐步建设成为国际碳金融中心。丰富碳管理手段,控制企业成本和风险。活跃碳现货市场,增加流动性,吸引更多机构投资者
碳金融产品的主要定位和需求	活跃交易量,基本实现套期保值及碳资产优化管理的需求	平抑现货市场价格,降低市场风险,满足机构投资的需求。活跃交易量,基本实现套期保值,以及碳资产优化管理的需求	丰富创新产品体系。平抑现货市场价格,降低市场风险,满足机构投资的需求。活跃交易量,基本实现套期保值,以及碳资产优化管理的需求
主要产品	碳质押、借碳（托管）、碳回购、碳基金（信托）	碳远期、碳债券、碳保险	碳期货、碳期权、碳掉期
适用主体	控排企业、碳资产管理公司、金融机构、证券公司、大投行等投资机构	控排企业、碳资产管理公司、金融机构、证券公司、大投行等投资机构、合格的境外投资机构	控排企业、碳资产管理公司、金融机构、证券公司、大投行等投资机构、合格的境外投资机构、个人投资者
风险控制与监管	缺乏系统完善的风险控制措施,风控主要依据交易所交易规则,以及金融市场的部分规定。类似于央行对商业银行的窗口指导,主管部门主要通过劝告和建议来影响金融机构的行为	基本完善风险管控方案措施,形成全国统一的风险控制与监管体系	国际标准化的风险控制与监管体系

资料来源：作者根据相关资料整理。

5. 防控金融风险

近年来,随着我国进入经济新常态,我国面临着增长速度换挡期、结构调整阵痛期、前期刺激政策消化期"三期叠加"的严峻挑战和国际金融危机的持续外溢影响。2017年中央金融工作会议指出,要准确判断当前我国面临的金融风险,把防控金融风险提到了一个从未有过的高度。习近平总书记在中央财经领导小组第十五次会议和中央政治局第四十次集体学习等重要会议及公开场合上,就金融风险和安全问题作出过多次重要讲话。2017年10月18日,习近平总书记在中共十九大报告中提出"要坚决打好防范化解重大风险、精准脱贫、污染防治的攻坚战"。2018年政府工作报告提出,要推动重大风险防范化解取得明显进展,加大精准脱贫力度,推进污染防治取得更大成效。

打好防范化解重大风险攻坚战,重点是防控金融风险。在防范和化解金融风险已上升至国家战略和国家安全高度的背景下,碳金融的发展也不可避免地受到影响。《全国碳排放权交易市场建设方案(发电行业)》明确"坚持将碳市场作为控制温室气体排放政策工具的工作定位,切实防范金融等方面风险""初期交易产品为配额现货,条件成熟后增加符合交易规则的国家核证自愿减排量及其他交易产品"。政府主管部门表态也强调了适度开展金融创新,防止过度投机和过度金融化,切实防范金融等方面风险。

建议上海市政府加强和完善碳交易主管部门同金融监管部门在碳市场和碳金融领域的协调机制,形成跨部门的碳金融监管体系。考虑到目前宏观经济和金融政策,碳金融发展要建立与碳市场发展阶段相匹配的碳金融产品体系和配套监管体系。

五、总　　结

作为应对气候变化、控制温室气体排放的政策工具,碳交易机制已经历了二十年的发展,优化碳交易机制是碳市场健康发展的必然要求。碳交易是发展绿色金融的需要,是落实绿色发展理念的重要手段,也是我国参与全球气候治理的重要途径。

欧盟在国际社会应对气候变化的行动中扮演了不可或缺的角色,欧洲碳排放权交易市场(EU-ETS)是欧盟应对气候变化政策的基石。自2005年启动以来,EU-ETS取得了巨大的成效,也为中国碳市场的建设提供了经验。例如,制定长期、有力度的减排目标;注重纳入行业和非纳入行业减排责任的分担;政策长期稳定性和灵活性;注重不同发展阶段国家的能力,并利用收入再分配机制支持相对落后的国家。

2013年以来,7个试点地区相继启动交易,在工作机制、制度框架、市场机制、减排效果等方面取得了一定成效,为全国碳市场的建设积累了大量宝贵经验。全国碳市场在机构改革、监测、报告与核查体系、交易产品等方面取得了一定进展,但也需要在立法、市场运行、系统建设、信息公开、能力建设、机制协调、资金支持等方面加强工作。

在上海建设国际金融中心的过程中,包括碳金融在内的绿色金融是其重要内容。建议上海市充分利用上海自贸区的优势,设计和实施有计划、分步骤的碳金融发展策略,重点推进各类碳金融产品研发和落地,同时防范金融风险。

附件:中国碳基金发展情况

(一)国家层面:中国清洁发展机制基金

中国清洁发展机制基金是我国也是发展中国家首次建立的国家层面专门应对气候变化的基金,是中国开展应对气候变化国际合作的资金平台、合作平台、信息平台,旨在支持国家应对气候变化工作,促进经济社会可持续发展。

2006年8月,国务院批准建立中国清洁发展机制基金及其管理中心。2007年11月,清洁基金正式启动运行。2010年9月14日,经国务院批准,财政部、国家发改委等七部委联合颁布《中国清洁发展机制基金管理办法》,标志着基金业务全面展开。

1. 资金来源和资金使用

清洁基金的来源包括:(1)通过CDM项目转让温室气体减排量所获得收入中属于国家所有的部分;(2)基金运营收入;(3)国内外机构、组织和个人捐赠;(4)其他来源。

清洁基金的使用采取赠款和有偿使用等方式。赠款主要支持有利于加强应对气候变化能力建设和提高公众应对气候变化意识的相关活动。清洁基金通过有偿使用方式支持有利于产生应对气候变化效益的产业活动。结合国家鼓励和支持的新兴战略产业的发展方向,清洁基金有偿使用资金优先支持应用前景广、行业代表性强、技术成熟度高的低碳项目,鼓励和支持低碳技术的开发与应用,促进低碳技术的市场化、产业化,推动地方经济结构调整、转型升级和新兴产业的发展。2007—2017年清洁基金收入如图3-17所示。

2. 效果

截至2017年12月31日,累计安排11.25亿元赠款资金,支持523个赠款项目,涉及国家和地方层面应对气候变化与低碳发展政策研究、能力建设和宣传等领域,包括碳市场机制研究和试点。审核通过了265个委托贷款项目,覆盖全国28个省(市、自治区),安排贷款资金累计达到163.11亿元,撬动社会资金897.65亿元(见图3-18)。项目预计年碳减排量及碳减排潜能累计超千万吨二氧化碳当量。

(二)试点层面:广东省低碳发展基金

与其他试点地区主要免费发放碳配额不同,广东省碳交易试点机制设计中最突出的特点是引入了拍卖机制。

《广东省碳排放权交易试点工作实施方案》中提出,将"实行碳排放权有偿使用制度,碳排放权配额初期采取免费为主、有偿为辅的方式发放"。《广东省发展改革委关于碳排

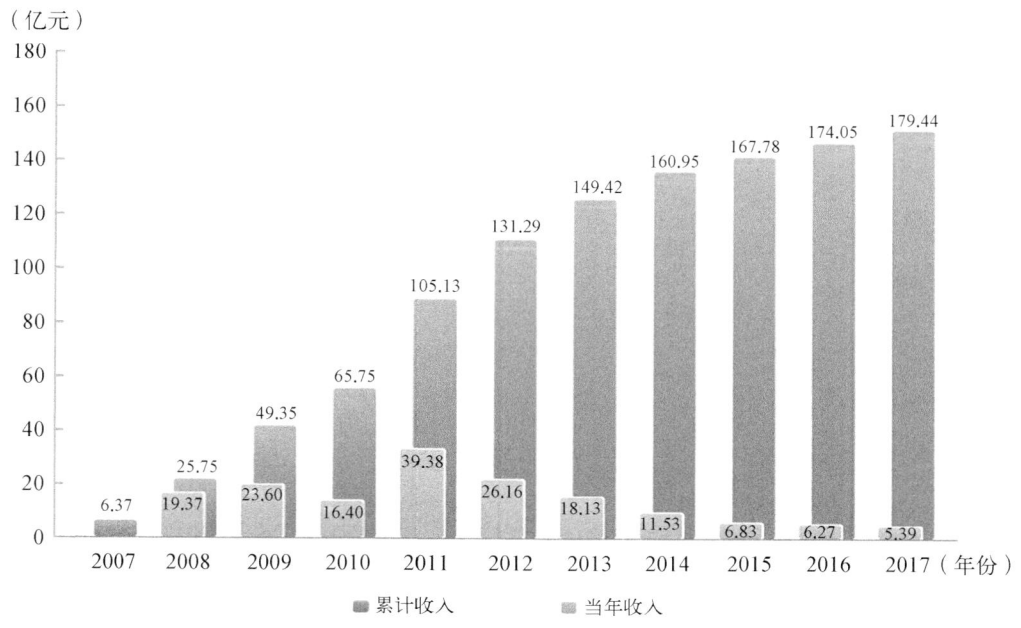

资料来源:《中国清洁发展机制基金2017年度报告》。

图 3-17　2007—2017 年清洁基金收入情况

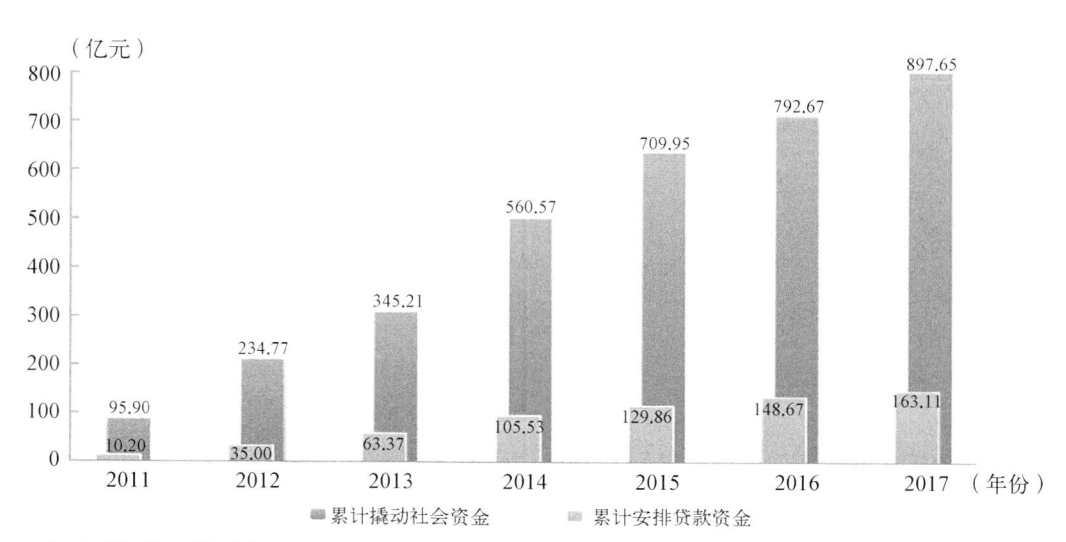

资料来源:《中国清洁发展机制基金2017年度报告》。

图 3-18　2011—2017 年委托贷款支持项目投入资金与撬动社会资金情况

放配额管理的实施细则》规定,配额有偿发放所取得的收益,应专项用于促进减碳工作以及相关能力建设。

2013—2017年,广东碳市场先后组织了17次碳排放配额有偿发放工作(2013年组织5次,2014—2016年每年平均组织4次,2017年无有偿发放),共发放有偿配额1 716.18万吨,累计收入约8.04亿元(见图3-19)。[①]

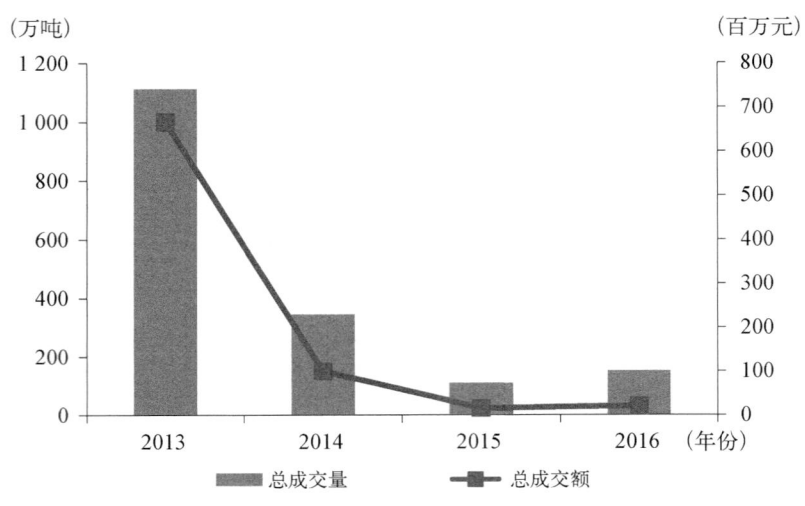

资料来源:根据广州排放权交易所公开数据整理。

图3-19 广东碳交易市场配额拍卖情况

为深入推进碳排放权交易试点工作、引导社会资本投入广东省低碳发展工作领域、探索财政资金市场化运作长效机制,广东省研究利用碳排放有偿配额收入设立低碳发展基金,制定了《广东省低碳发展基金设立方案》和《广东省低碳发展基金管理暂行办法》。2015年广东省设立低碳发展基金,首期投入1亿元,由广东省粤科金融集团有限公司担任受托管理机构。《广东省广州市建设绿色金融改革创新试验区总体方案》提出,"以广东省粤科低碳发展基金为母基金,在试验区内引导社会资本设立碳基金,稳妥有序探索建设环境权益交易市场"。

根据《广东省低碳发展基金2016年度投资项目(子基金)申报指南》,广东省低碳发展基金的投资方式之一是由该基金作为母基金,按照"政府引导、市场运作、专业管理、风险防范"原则,低碳母基金与申请机构合作成立子基金。重点投资的低碳领域企业(项目),具体包括新能源与可再生能源、节能和能效提升、温室气体自愿减排项目、低碳城市基础设施建设、低碳技术研发及产业化、碳市场培育及碳金融创新。

---

① 据粤财工函〔2015〕503号文,由于2013年和2014年碳排放权有偿使用费和交易出让金均未列入年初一般公共预算非税收入计划,2013年和2014年的配额有偿发放收入(约7.4亿元)已作为超收收入,按新《预算法》规定调入预算稳定调节基金并统筹使用。

附表一

各地方碳市场信息公开披露相关规定

	北京	天津	上海	重庆	湖北	广东	深圳
省级	《北京市碳排放权交易管理办法（试行）》	《天津市碳排放权交易管理暂行办法》	《上海市碳排放管理试行办法》	《重庆市碳排放权交易管理暂行办法》	《湖北省碳排放权管理和交易暂行办法》	《广东省碳排放管理试行办法》	《深圳市碳排放权交易管理暂行办法》
管理信息	第九条 市发展改革委会同市统计局等总确定年度重点碳排放单位名单和报告单位名单，并向社会公布	第五条 市发展改革委根据本市碳排放总量控制目标和相关情况，确定纳入企业名单，报市人民政府批准后，向社会公布 第十六条 市发展改革委应加强对第三方核查机构的监督管理，并向社会公布第三方核查机构名录	第五条（配额管理制度）纳入配额管理的行业范围以及排放的碳排放规模的确定和调整，由市发展改革部门会同相关行业主管部门拟订，并报市政府批准。纳入配额管理的排放单位名单由市发展改革部门确定并向社会公布 第十七条（抵销机制）国家核证自愿减排量的情缴比例由市发展改革部门向社会公布	第五条 纳入配额管理的行业范围和排放规模标准，由市主管部门会同相关部门确定，报市政府批准 配额管理单位的名单由市主管部门公布 第十条 主管部门应当建立向社会公布的核查机构名录，加强对核查机构的监督管理	第二十一条 每年最后一个工作日，主管部门应当公布企业配额缴还履行情况 第四十三条 建立碳排放黑名单制度。主管部门将未履行配额缴还义务的企业纳人本省相关信用记录，通过政府网站及新闻媒体向社会公布	第二十九条 省发展改革部门应当明通过政府网站或者新闻媒体向社会公布报告企业履行本办法，报告情况 省发展改革部门应当向社会公开公查机构名录，并加强对其核查工作的监督管理	第六条 主管部门应当会同相关部门建立碳排放权交易公共服务平台网站，及时披露碳排放权交易和公开碳排放管理信息 第十一条 市政府批准后，市政府根据本市节能减排工作的需要和碳排放发展状况，调整管控单位名单。市政府批准后，主管部门以及服务平台网站公布
交易信息	第十六条 市人民政府确定承担碳排放权交易的场所（以下简称交易所），交易所应当制定碳排放权交易规则，明确交易参与方的权利义务和交易程序，披露异常情况，处理异常情况	第二十三条 交易机构应建立交易信息披露制度，公布碳排放交易即时行情、交易日行情，并按交易日制作年作市场年报，予以公布。未经交易机构同意，任何机构、企业和个人不得发布交易即时行情	第二十五条 交易管理信息应当建立交易信息管理制度，公布碳排放交易行情、成交量、成交金额等信息，并及时披露碳排放配额可能影响市场的相关信息	第二十六条 交易所应当建立信息公开制度，公布交易日行情、成交量、成交金额等信息，并及时披露可能对市场行情造成重大影响的信息	第二十六条 交易所应当制定交易规则，明确交易参与方的权利义务、交易程序、信息披露争议处理等事项	第二十四条 交易平台为市人民政府指定的碳排放权交易所（以下简称交易所）。交易所应当履行以下职责： 建立交易管理制度，公布交易行情、交易价格、交易量等信息，及时披露可能导致市场重大变动的相关信息	第五十七条 交易所应当建立交易信息公开制度，每个交易日公布当日成交量、成交金额等交易信息

资料来源：作者根据相关资料整理。

附表二

碳市场信息公开披露相关规定

	《北京环境交易所碳排放权交易规则（试行）》	《天津排放权交易所碳排放交易规则》	《上海环境能源交易所碳排放交易规则》	《重庆联合产权交易所碳排放交易信息管理办法（试行）》	《湖北碳排放权交易中心碳排放权交易规则》	《广州碳排放权交易中心碳排放配额交易规则》
交易规则	第五章 交易信息	第八章 交易信息	第八章 交易信息	第七条 交易所在交易日发布以下信息：行情信息，包括交易品种名称、交易品种代码、当日最低价、当日最高价、前日收盘价、当日累计成交数量、当日累计成交金额等。成交信息包括交易品种名称、交易品种代码、买卖方向、成交数量、成交价格、成交时间等。报价信息包括交易品种名称、交易品种代码、买卖方向、申报价格及数量等。报价按价格优先、时间优先原则排序发布	第七章 信息披露	第六章 交易信息
交易信息	5.1.1 本所每个交易日发布碳排放权交易即时行情、碳排放权交易量、价格等交易信息。5.1.2 本所及时编制反映市场成交情况的各类日报表、周报表、月报表和年报表，并通过本所网站或其他媒体予以公布	第六十条 信息披露 定期公布交易价格、交易量等信息。第六十一条 本所通过交易系统和专业网站发布交易所的有关文件和数据资料、月报，向交易者提供交易行情及相关的行业综合信息	第七十四条 交易所每个交易日发布碳排放交易即时行情以及碳排放交易信息等其他信息。第七十五条 交易所即时编制反映碳市场成交情况的各类报表，并予以发布		第四十条 信息披露 本中心披露的信息包括实时交易行情、本中心发布的公告信息以及要求披露的其他相关信息。第四十一条 交易信息 交易信息包括：交易品种代码、标的物的简称、日起始价、日收盘价、最新价、当日累计成交金额、当日累计成交数量、成交数量、最高价、最低价、最高五个买入价格和数量、最低五个卖出价格和数量等	第三十六条 广州碳所每个交易日发布碳排放配额交易即时行情以及碳排放配额交易公开信息。第三十七条 广州碳所定期编制反映碳排放配额成交情况的相关统计报表、分析报告，并予以及时发布。第三十八条 参与人和结算银行不得泄露碳排放配额交易信息，并不得中获取的商业秘密

资料来源：作者根据相关资料整理。

附表三

上海市碳市场信息公开披露渠道和内容

公开渠道	文件或方案名称	内 容
碳排放配额分配方案	《上海市2013—2015年碳排放配额分配方案》《上海市2016年碳排放配额分配方案》《上海市2017年碳排放配额分配方案》	配额总量、分配方法、配额发放（直接发放配额和储备配额）、配额清缴与抵消机制
纳入配额管理的单位名单	《上海市碳排放交易纳入配额管理的单位名单（第一批）》《上海市2016碳排放交易纳入配额管理的单位名单（2016版）》《上海市2017碳排放交易纳入配额管理的单位名单（2017版）》	纳入配额管理的单位名称、领域
碳市场报告	《上海市碳市场报告（2013—2014）》《2015上海碳市场报告》《2016上海碳市场报告》《2017上海碳市场报告》	每年报告体例和内容略有不同。《2017上海碳市场报告》包括交易能力建设、活动概览、未来展望和录五部分。其中交易市场部分包括市场概览、市场数据（交易量、交易额、年度成交额、历史累计成交额、累计成交量）和市场交易（交易时间、交易方式等）等内容

资料来源：作者根据相关资料整理。

参考文献

[1] 国际碳行动伙伴组织(ICAP).全球碳市场进展：2019年度报告[R].2019：5-6.

[2] 张敏思,范迪,窦勇.欧盟碳市场的进展分析及其对我国的借鉴[J].环境保护,2014(8)：68-70.

[3] 郑爽.全国七省市碳交易试点调查与研究[M].北京：中国经济出版社,2014.

[4] 上海环境能源交易所.2018上海碳市场报告[R].2019：9-10.

[5] 史乐蒙.先行先试"湖北经验"领跑碳交易市场[N].期货日报,2018-11-16.

[6] 国家应对气候变化战略研究和国际合作中心清洁发展机制项目管理中心.中国碳市场建设调查与研究[M].北京：中国环境出版集团,2018.

[7] 洪睿晨.《碳排放权交易管理条例(征求意见稿)》解析及政策建议[EB/OL].[2019-04-07].http：//iigf.cufe.edu.cn/article/content.html? id=1166.

[8] 中国电力企业联合会.中国电力行业年度发展报告2018[M].北京：中国市场出版社,2018.

[9] 北京环维易为低碳技术咨询有限公司.环维易为中国碳市场研究报告2017[R].2017：48-49.

[10] 上海环境能源交易所.2017上海碳市场报告[R].2018：4-8.

[11] 段茂盛.全国碳排放权交易体系与节能和可再生能源政策的协调[J].环境经济研究,2018(2)：8-17.

[12] 绿金委碳金融工作组.中国碳金融市场研究[R].2016：30-33.

[13] 中国清洁发展机制基金管理中心.中国清洁发展机制基金2017年度报告[R].2018：6-15.

[14] European Commission. Report on the functioning of the European Carbon Market[R]. 2019：7-7.

[15] European Commission. Report on the functioning of the European Carbon Market [R]. 2017：16-18.

[16] European Commission. Publication of the total number of allowances in circulation in 2016 for the purposes of the Market Stability Reserve [R]. 2017：1-4.

[17] European Commission. Publication of the total number of allowances in circulation in 2017 for the purposes of the Market Stability Reserve[R]. 2018：1-4.

[18] European Commission. Publication of the total number of allowances in circulation in 2018 for the purposes of the Market Stability Reserve[R]. 2019：1-5.

[19] German Emissions Trading Authority (DEHSt). German Auctioning of Emission Allowances Periodical Report：Annual Report 2018[R]. 2019：11-12.